Bernd Schiller

Lesereise Mekong

Bernd Schiller

Lesereise Mekong

Vom Dach der Welt zum Delta der neun Drachen

Picus Verlag Wien

Das Amt des Dichters ist nicht das Zeigen der Wege, sondern vor allem das Wecken der Sehnsucht.
HERMANN HESSE

Grafische Gestaltung: Dorothea Löcker, Wien
Umschlagabbildung: © ALIMDI.NET / Andreas Rose
Druck und Verarbeitung:
Druckerei Theiss GmbH, St. Stefan im Lavanttal
ISBN 978-3-7117-1040-6

Informationen über das aktuelle Programm
des Picus Verlags und Veranstaltungen unter
www.picus.at

Inhalt

Buddhas magischer Strom

Langsam schiebt sich der Flussdampfer dem Ufer entgegen. Eine Gruppe kleiner Kinder winkt und lacht. Frauen, die ihre Wäsche im Fluss waschen, schauen lächelnd herüber. Zwei Männer, die eben ihre Netze übers Wasser geworfen haben, grüßen nickend in die Richtung des Kabinenkreuzers, der mit einem Dutzend Passagieren unterwegs ist, irgendwo im Herzen von Laos, weit weg vom Rest der Welt. Aus dem dichten Grün schauen ein paar rote Dächer heraus. Ein Pfad führt den Abhang zur Siedlung hinauf. Die goldene Kuppel einer Pagode wird sichtbar. Es sind archaische Szenen, Bilder aus diesen Tagen, die aber ebenso gut aus der Zeit oder einem hundert Jahre alten Reisebuch gefallen sein könnten.

Der Kapitän muss Minuten später wieder jonglieren zwischen Felsen, Inselchen und Stromschnellen, er steuert das Schiff behutsam zur anderen Seite hin. Eine Biegung des Flusses, und plötzlich sind die Hügel an diesem Ufer kahl, braun und grau. Der Wald ist abgeholzt; vor Kurzem erst muss das passiert sein, in einer Gegend, von der wir vorhin von einem Landeskenner gehört haben, dass hier die Abholzung, der Raubbau am Tropengrün, verboten ist, seit Jahren schon.

Zwei Momentaufnahmen, zwei gegensätzliche Eindrücke. Solche Art Abwechslung, so viel Zwiespalt, gibt es an jedem großen Strom, erst recht in den größtenteils armen Ländern links und rechts des Äquators. Hier, an der Lebensader Südostasiens, kommen dem Reisenden die Kontraste an manchen Orten womöglich besonders heftig und verwirrend vor, weil mit dem Mekong ein Mythos verbunden wird, auch und vor allem ein spiritueller Nimbus.

Kein anderer unter den großen Strömen der Welt wechselt so oft seinen Namen. Nur die Bäche und Rinnsaale im tibetischen Hochland, die sich zu den Quellflüssen vereinen, bleiben ohne Bezeichnung. Wo überhaupt der genaue Ursprung des Stromes liegt, der erst viel weiter südlich, schon in den Tropen, seinen Lauf als »Mekong« fortsetzt, ist unter Wissenschaftlern umstritten. Deshalb schwanken die Längenangaben zwischen viertausenddreihundertfünfzig und knapp fünftausend Kilometern.

Im äußersten Nordwesten Chinas, nicht weit entfernt vom Dach der Welt, wächst sich das schmalgliedrige Aderwerk zum »Wilden Fluss« aus, zum Lancang Jiang. Erst im Grenzgebiet von Thailand, Laos, Burma und China, wo sich gerade das einst berüchtigte Goldene Dreieck zur neuen touristisch und wirtschaftlich aufstrebenden Region Goldenes Viereck entwickelt, ist der westlich geprägte Name Mekong entstanden. Es ist ein Kunstwort, zusammengefasst aus dem poetischen Begriff Mae Nam Khong: Mutter aller Wasser. Als Mekong versorgt er im weiteren Verlauf fünf Länder: in Myanmar und Thailand nur auf kurzen Strecken; Laos, Kambodscha und der Süden Vietnams aber sind ohne diesen Fluss nicht lebensfähig.

In Kambodscha, das seit der touristischen Wiederentdeckung von Angkor Wat einen anhaltenden Aufschwung erlebt, wird der Fluss zum »Großen Wasser«, dem Tonle Thom. Er fließt dabei durch den Großen See, Tonle Sap, in der Nähe des Weltwunders Angkor. Dabei ändert er zweimal im Jahr die Fließrichtung, ein Naturschauspiel, das dem Monsun und den damit verbundenen unterschiedlichen Wassermengen geschuldet ist. Noch gilt der Tonle Sap als fischreichstes Binnengewässer der Welt. Dieser Status ist aber so gefährdet wie der Mekong an vielen Stellen. Vor allem die vielen Staudammprojekte in China und Laos, die der Region zum wirtschaftlichen Aufschwung verhelfen sollen, könnten den Fluss über weite Strecken strangulieren.

In Vietnam schließlich verzweigt sich der breite Strom ins Delta der Neun Drachen, ein Netz von einigen Hauptarmen und ganz vielen Nebensträngen. Dieses Delta, so groß wie die Schweiz, mit doppelt so vielen Einwohnern wie Österreich, ist Vietnams Reiskammer, sein Gemüsegarten, seine Obstplantage: pittoresk, fiebernd vor Fleiß und voll praller Vielfalt, wie Asienreisende sie lieben: Flussdampfer, Fährschiffe, Boote und Lastkähne befahren und queren die Gewässer des Deltas. Schwimmende Märkte sind die meistfotografierte Attraktion für die Fremden, vor allem aber sind sie Treffpunkte, Börsen und viel besuchte Andachtsstätten der Einheimischen.

Wilder Fluss, Mutter aller Wasser, Großes Wasser, Delta der Neun Drachen: viele Namen, blumig zwar, aber durchaus begründet. Dem Mekong werden darüber hinaus immer wieder Begriffe zugeordnet, die auf die Spiritualität der Region hinweisen: Buddhas langer stiller Fluss, Buddhas eigener Fluss, Buddhas magischer Strom. Zwar leben an seinen Ufern auch Anhänger des Laotse, des Konfuzius, mancher animistischer oder synkretistischer Richtungen, Muslime, Christen und Atheisten. Für die meisten Reisenden aber werden wohl die buddhistisch geprägten Bilder von Tempeln und Pagoden, von Mönchen in gelborangenen Roben, von Räucherstäbchen und Blumen vor Buddhas Statuen zum Reisemotiv beigetragen haben.

Noch mehr aber dies: Die oft gehörten Klischees von der Freundlichkeit, dem Lächeln und der Sanftmut der Menschen in Südostasien erweisen sich vor Ort vielfach als Realität. Sie machen den Mekong und seine Länder zum Sehnsuchtsziel. Sie lassen aber nur zu gern vergessen, was auch dort geschehen ist: Kriege, seit Geschichte geschrieben wird, Eroberungen, Scharmützel, Erbfeindschaften etwa zwischen Thais und Vietnamesen oder zwischen Vietnam und China, Völkermord innerhalb der eigenen Nation, unvergessen in Kambodscha.

Über lange Zeit waren es europäische Mächte, die versuchten, der Region ihren Stempel aufzudrücken. Aber als die Kolonialepoche und die Stellvertreterkriege vorbei waren, um die Mitte des letzten Jahrhunderts, stellte sich schon bald heraus, wie stark die alten Traditionen sind, wie nachhaltig, um ein Modewort der Zeit zu gebrauchen, auch die Bindungen an Familie, Dorf, an ihre Felder, ihre Religionen und Rituale, die auch Kommunismus und Diktatur bis heute trotzen und im Alltag weitaus tiefer wurzeln als jede Partei.

Die sensibleren unter den Kolonialherren waren von diesen Menschen, den Religionen und den Landschaften entlang des großen Stromes schon früh beeindruckt. Ob Herbert Warington Smyth, britischer Reisender, Ingenieur und Offizier, der 1893 am Oberlauf des wild schäumenden Mekong von einer Schönheit sprach, die er nie zuvor gesehen und die ihn atemlos gemacht habe. Ob Auguste Pavier, ein französischer Abenteurer, der es bis zum Konsul in Luang Prabang, der alten Residenz in Laos, brachte und die Liebe zu Land und Leuten in seinen Büchern oft betonte. Oder ob der Naturforscher Henri Mouhot, der wie kein anderer mitgeholfen hat, die Tempel von Angkor im Westen bekannt zu machen.

Natürlich haben die Europäer, allen voran die Franzosen, Spuren hinterlassen, kulinarische vor allem. Selbst in entlegenen Kleinstädten von Laos oder Vietnam können Baguettes knackiger und Croissants authentischer sein als in manchen Vierteln von Paris. Und während in Frankreich das Bistro langsam stirbt, erfreut es sich in Kambodscha und Vietnam einer gepflegten Renaissance. In Sihanoukville, in Battambang oder in Kambodschas Hauptstadt Phnom Penh zaubern Restaurants aus den Kochkünsten zweier Welten die schönsten Kreationen. Und in Saigon, der boomenden Millionen-Metropole am Rande des Deltas, steigen Reisende gern in Kolonialhotels ab, modernisiert, aber mit dem angemessenen Hauch von Nostalgie.

In den Dörfern des Hochlands von Laos und sogar in der Umgebung der vielbesuchten Königsstadt Luang Prabang läuft dagegen der Alltag in einem beschaulichen Rhythmus ab, wie ich ihn schon vor Jahrzehnten kennen- und lieben gelernt habe. Badeziele wie Sihanoukville und die vielen kleinen Inseln vor der Küste Kambodschas erleben dagegen gerade einen Aufschwung, der aber nicht so wirkt, als würde dort der Ballermann einziehen oder Phuket und Pattaya kopiert werden. Die Ruinen von Angkor und das benachbarte Städtchen Siem Reap ächzen allerdings unter dem immer noch wachsenden Ansturm von Touristen aus aller Welt.

So turbulent die Vergangenheit der Mekongländer war, so vielfältig sich der Fluss über alle Etappen von den höchsten Bergen der Welt zum heißen Delta am Südchinesischen Meer zeigt, so ungewiss ist die Perspektive für die Region und ihre Menschen. Die Abholzung der Uferwälder, die traditionelle Brandrodung vieler im Stich gelassener kleiner Volksgruppen, die gigantisch geplanten Staudämme – sechs allein in Laos –, die Straßen- und Brückenprojekte, werden den Lebensstandard vieler Menschen am Mekong heben. Die kleinen Länder und erst recht der Riese China wollen und können nicht auf die Energiereserven verzichten, die im Mekong schlummern. Das Gesicht dieses magischen Stroms wird sich aber wohl in zehn oder zwanzig Jahren dramatisch verändert haben, weit mehr jedenfalls, als es den Auswirkungen des Tourismus so gern zugeschrieben wird.

Südlich der Wolken

Erste Etappe: Unterwegs in Yunnan

Kunming, morgens um halb acht. Es ist unser erster Tag in der Sieben-Millionen-Metropole, Hauptstadt der Provinz Yunnan im Südwesten Chinas. Der Blick aus dem Hotelzimmer zeigt Hochhausschluchten, Autoschlangen, hastig trippelnde Menschen, die einen Mundschutz tragen, insgesamt eine triste Szenerie. Irgendwo muss auch die Sonne scheinen, aber sie dringt nicht wirklich durch den Grauschleier aus Dunst und Smog. Das also soll die »Stadt des ewigen Frühlings« sein, »charmant und überschaubar«, wie sie in einem Reiseführer vorgestellt wird, der gerade mal sechs Jahre alt ist.

Einen Tag später, im Bambuskloster am Stadtrand, auf knapp zweitausend Meter Höhe. Die roten Lampions und die grünen Ziegeldächer glänzen im Sonnenschein. Die Luft ist frisch, es duftet intensiv nach Blumen und Räucherstäbchen. Ältere Herren haben ihr *Mahjongg*-Brett auf eine Steinmauer gelegt und geben sich ihrem Spiel hin. Ein junges Mädchen, halb schüchtern, halb neugierig, bietet uns eine Handvoll Wassermelonenkerne an.

Eben noch Dreck und Hektik, und jetzt, kurz darauf, übertragen sich Ruhe und Gelassenheit auf den Besucher. Solche krassen Gegensätze sind typisch für Reisen durch das China von heute. Klischees und Vorurteile, die gerade bestätigt wurden, lösen sich binnen Stunden in Wohlgefallen auf. Orte der Harmonie wie der Tempel der Erlesenen Blume, ganz nah an der rasant wachsenden Stadt, wirken, als wären sie Vorbilder für Tuschezeichnungen aus dem alten China gewesen.

Wir sind unterwegs in der südwestlichen Randprovinz des Riesenreiches, die ihren Anspruch auf Teilhabe am internationalen Tourismus gerade erst angemeldet hat, überraschend spät. Denn Yunnan, etwa so groß wie Deutschland und Holland zusammen, ist vielfältig wie keine andere Region in China. Nirgendwo sonst lebt eine so bunte Schar kleiner Völker neben- und miteinander, die allesamt ihre Eigenarten, Religionen, Trachten, Sprachen und Schriften durch die Jahrhunderte und sogar über die Kulturrevolution hinweg bewahren konnten.

Und nirgendwo anders in China weisen auch die Lebensräume von Tieren und Pflanzen eine solche Vielfalt auf wie im »Land südlich der Wolken«, so die Übersetzung von Yunnan: im Norden die Ausläufer des Himalaya, die bis auf sechs- und siebentausend Meter ansteigen, davor Hochebenen, über die Nomaden mit ihren Yakherden ziehen. Im Süden hingegen, im Goldenen Dreieck zwischen Burma und Laos, dampft tropischer Dschungel, seit ewigen Zeiten ein Schlupfwinkel für Opiumschmuggler und gern verklärter Ort exotischer Geheimnisse.

Dazwischen grüne Hügel, Teeplantagen, Bambus und Regenwald, letzte Zufluchtsorte für Elefanten und Pandabären. Legendäre Flüsse, die als

Rinnsale aus dem Himalaya kommen, mäandern durch gewaltige Felsschluchten und entwickeln sich noch in Yunnan zu den mächtigsten Strömen Asiens, allen voran der Yangzi, in Europa noch immer besser als Jangtsekiang bekannt, und der Mekong, dessen Verlauf wir in diesem Buch begleiten wollen.

Also raus aus Kunming, der Stadt, die Träume zerstört und zugleich Sehnsüchte weckt, nach dem anderen, dem ewigen China, das sich denn doch überraschend leicht finden lässt. Schon nach hundertzwanzig Kilometern Fahrt in Richtung Südosten verlaufen wir uns im »Labyrinth der Liebenden«, einer Karstregion, in der bizarre Felsnadeln dicht an dicht in den Himmel ragen. Shi Lin, Steinwald, heißt diese Märchenlandschaft, deren Formen an Bäume oder Pilze erinnern, an Pagoden und Drachen, vielleicht auch an die Silhouetten von Mao, Konfuzius oder an den eigenen Vater.

So ein Platz muss sagenhaften Ursprungs sein. Also erzählt man sich bis heute die Geschichte eines weisen Zauberers, dem ein Liebespaar klagte, nirgendwo Platz für sich allein zu finden. Prompt ließ er Gestein wie Mikado-Stäbchen auf die Erde fallen, und seither können Liebespaare im Schatten der schlanken Felsen ungestört turteln. Wer will da noch die geologische Erklärung für den Steinwald hören, Fakten über ein Meer in grauer Vorzeit, von tektonischen Verwerfungen, ausgewaschenen Sedimenten, Erosionen …

Zwischen Lotusblumen-Gipfel und Schwertspitzen-Teich treffen wir erstmals auf Angehörige der so genannten Minderheitenvölker, fünfundfünfzig soll es in ganz China geben, sechsunddreißig davon in Yunnan. Hier, in der Gegend von Shi Lin, sind es blau und schwarz gekleidete Sani-Leute, eine Untergruppe der Yi. Sie bauen Reis an und Tabak und treffen sich mehrmals im Jahr im Labyrinth der wundersamen Kegel und feiern dort, wie sie es seit Jahrhunderten gewohnt sind, mit ihren Ahnen, mit guten Geistern und alten Göttern.

Kurz vor Sonnenuntergang glühen die Felsnadeln dunkelrot auf und werfen magische Schatten. Auf einer Lichtung, etwas abseits des steinernen Waldes, genießen Chen Xulu und Dai Liming das Schauspiel. Sie gehören zum Volk der Dai. Mit dem Überlandbus waren sie Tag und Nacht unterwegs, um den Steinwald zu sehen; für ein paar Stunden der Zweisamkeit haben sie sich von ihrer Reisegruppe getrennt. Nächste Woche wollen sie in Jinghong, weit im Süden Yunnans, nach alter Väter Sitte heiraten, Chen, der Ingenieur und Dai, die Lehrerin.

Knapp zwei Stunden Flug nach Norden, erst über tiefgrünes Land, dann über eine schroffe braune Bergwildnis, und plötzlich sind wir, sozusagen offiziell, im verloren geglaubten Paradies gelandet, auf weit über dreitausend Metern Höhe. Shangri-La heißt unser Ziel, ein Ort, den noch vor ein paar Jahren unter dem Namen Zhongdian kein Mensch kannte. Jetzt, unter dem neuen Begriff, ist vor allem die Altstadt ein Touristenmagnet für Chinesen und mehr noch für Ausländer, die dem Mythos Shangri-La auf die Spur kommen wollen. Und wir wollen in dieser Region der Quelle des Mekong oder doch wenigstens dem hier oben noch schmalen und unscheinbaren Flüsschen so nahe wie möglich kommen.

Der englische Autor James Hilton hat sich vor über achtzig Jahren den Namen Shangri-La ausgedacht, der zum Symbol für ein Land ewiger Glückseligkeit und großer Geheimnisse wurde, Schauplatz seines vielfach verfilmten Romans »Der verlorene Horizont«. Hilton hat ihn irgendwo im Südosten der Himalaya-Berge verortet, vielleicht hat er ja wirklich die Gegend um Zhongdian gemeint. Der Bürgermeister der abgelegenen Stadt jedenfalls beschloss, dass seine Gemeinde das verlorene Paradies sein und also auch Shangri-La heißen muss.

Mehr als siebenhundert Mönche leben im benachbarten Kloster Songzanlin. Es ist der größte buddhistische Tempelkomplex in Yunnan. Lichte Innenhöfe, in denen sich die Lamas auf eine Zigarette treffen, dunkle, rußgeschwärzte Altarräume voller Dämonenfiguren, vor denen sich Frauen und Kinder auf den Boden werfen. Beide, Mönche und Pilger, schenken dem Besucher ein neugieriges Lächeln und ein *»Tashi Delek«*, ein freundliches Willkommen.

Szenen einer abenteuerlichen Reise: Zu Gast auf ein Tässchen Buttertee unter dem Dach der Welt, in einem Dorf im Ken-Ba-Gebiet, in dem die meisten älteren Frauen noch mit zwei oder drei Männern leben, wie es früher im Norden Yunnans vielfach üblich war. Den Atem anhalten im Tal des Goldenen Sandflusses, wie der Yangzi hier an seinem

Oberlauf heißt. In Lijiang, einer Stadt vor der Kulisse schneeweißer Siebentausender, die bestickten Kleider und Hauben der Naxi-Frauen bestaunen. Im Nachbartal ein Lächeln der Yi-Frauen empfangen, Angehörigen einer ursprünglich tibetischen Volksgruppe, die mit schwarzen Kopfbedeckungen auf den Feldern arbeiten. Acht Millionen soll ihr Volk in den Südwestprovinzen Chinas zählen. Sie sprechen mehr als dreißig Dialekte und benutzen eine Schrift, die einst aus über zehntausend Zeichen bestanden haben soll; ihre heutige Silbenschrift ist auf etwa tausendzweihundert Zeichen vereinfacht worden.

Getreide, Kartoffeln, Kohl und Chili werden hier oben angebaut, der Holzpflug, von ausgemergelten Ochsen gezogen, ist das gängige Gerät auf den Äckern. Hier lebt noch das alte China der armen, schwer arbeitenden Bauern, das China vor der Zeitenwende, Welten entfernt von Shanghai, Peking oder einer Megastadt wie Chongqing am Yangzi, die in Europa fast unbekannt ist, obwohl sie mehr Einwohner hat als Österreich, die Schweiz und Tschechien zusammen.

Wie der Mekong windet sich auch der Yangzi an den Dörfern vorbei durch enge Täler, fast immer vor der gigantischen Kulisse der Jadedrachenberge. Gestern waren sie im Nebel kaum zu erkennen, heute leuchten ihre weißen Gipfel nahezu rosarot in der Nachmittagssonne. In seinem Mittellauf mag Chinas Schicksalsstrom viel von seinem Nimbus verloren haben. Der umstrittene Drei-Schluchten-Damm hat dort eine ganze Provinz radikal verändert – zerstört, sagen die Kritiker des Megaprojekts. Der Preis des Fortschritts war in der Tat hoch: Mindestens fünf Millionen Menschen, nach anderen Quellen bis zu zehnmal so viel, wurden aus ihren Dörfern vertrieben; nach zwölf Jahren Bauzeit, von 1997 bis 2009, war das Landschaftsbild an den legendären Schluchten kaum wiederzuerkennen, zahlreiche Tempel und andere Kulturdenkmäler aus der chinesischen Blütezeit sind für immer verloren.

Am Oberlauf aber, wo sich Yangzi und Mekong ganz nahe kommen, ist die Faszination von Asiens längstem Fluss ungebrochen. Unser Bus folgt der Straße 214 und den kunstvoll gemalten Wegweisern zur Tigersprungschlucht im Schritttempo. Vor uns lange Schlangen mit Reisebussen aus allen Teilen Chinas. Das Naturwunder bei Lijiang gehört zu den Lieblingszielen der neuen Mittelschicht, die sich jetzt Wochenendausflüge und Kurzreisen leisten können, zu Millionen entdecken sie das eigene Land.

Die meisten Menschen, die mit uns die steilen Treppen von den Parkplätzen hinunter zum Höllenschlund drängeln, waren Tag und Nacht unterwegs. Einmal im Leben, so erzählen die Jüngeren unter ihnen, die ihre Englischkenntnisse ausprobieren möchten, wollten sie diese spektakuläre Schlucht, die tiefste der Welt, gesehen haben. An die viertausend Meter misst die Felswand vom Fuß der engen Klamm, durch die der Yangzi brodelt und gurgelt, bis hinauf zum Gipfel. Einige Besucher sind von der Stadt Qiatou hierher gewandert, zwei

Tage lang auf steilen Pfaden, fast immer in Höhen von über zweitausendfünfhundert Metern.

Es ist kalt hier unten an den wilden Wassern, die ein Tiger auf der Flucht vor einem Jäger übersprungen haben soll, und es nieselt. Mit zwei Sätzen soll das Tier die immerhin gut dreißig Meter breite Schlucht genommen haben. In einem Stein in der Mitte des Wassers, so sagt die Legende, haben sich seine Tatzen bis heute eingeprägt. Wir verzichten auf die Überprüfung, ziehen die Jacke bis unter die Nase, halten unsere Mütze fest und stemmen uns beim Weg nach oben gegen den eisigen Wind.

Schließlich, nach einem einstündigen Flug, Jinghong im tropisch-warmen Süden, eigentlich als Ausgangspunkt unserer geplanten Flussfahrt vorgesehen. Von hier aus, wo uns Papaya, Mango und Bananen in den Mund wachsen, ist der Mekong auf seinem langen Weg ins Delta erstmals schiffbar. Vierhundert Flusskilometer wären es bis zum Goldenen Dreieck gewesen. Aber seit Tagen haben wir wilde Gerüchte gehört; Überfälle auf einen Dampfer soll es gegeben haben, Schießereien, keiner weiß es genau. Die Chinesen jedenfalls erlauben uns Langnasen nicht die Fahrt auf dem Schnellboot bis an die Grenze nach Laos.

Nach einem Moment der Enttäuschung machen wir aus der Not eine bewährte Reisetugend und improvisieren so spontan, wie es die Situation erfordert. In den nächsten Tagen rumpeln wir also mit einem Bus über Land. Ob es letztlich am niedrigen Wasserstand gelegen hatte, wie die offizielle Version lautete, mit der man uns in Jinghong beruhigen wollte, oder ob es, sehr viel wahrscheinlicher und irgendwie auch spannender, an Problemen im Goldenen Dreieck lag, an einem der Kleinkriege mit Drogenschmugglern, wie sie immer mal wieder aufflackern, wir haben es nie herausgefunden.

Anstatt im engen Speedboat eingeschlossen zu hocken und übers Wasser zu brettern, erleben wir nun die ländlich-tropische Seite von Yunnan auf gemächliche Art. Immer wieder hält der Bus in Dörfern, manchmal für Stunden. Zeit, sich die Füße zu vertreten, zum Beispiel in Shi Shua Ban Na. Der Jasmin blüht am Wegesrand, Sesam, Zitronen und Jackfruchtbäume wachsen in kleinen Bauerngärten. Unter den älteren Pfahlhäusern, die noch aus Bambus gebaut sind, spielen die Kinder und wühlen die Schweine im Schlamm. Bei den Neubauten aus Holz und Stein parken Kleinwagen und Motorräder unterm Wohnzimmer. Eine alte Frau wäscht vor der Tür die Stäbchen, mit denen die Großfamilie eben gegessen hat. Im gleichen Wasser putzt sie anschließend den Fisch, den ihr ein junger Mann vom Mekong hochgebracht hat.

In Gan Lan Ba, einem lebhaften Städtchen, lockt der Markt. Alle Früchte der heimischen Vegatation werden hier verkauft, aber auch blutige Schweins- und Rinderköpfe, von Fliegenschwärmen fast zugedeckt. Da flüchten wir doch lieber in den Botanischen Garten, dem größten in China, und erholen uns bei einem Spaziergang durch eine Teakbaumallee und in einem Orchideenparadies. Am Rande des Olivenhains, das ist die Bedeutung des Ortsnamens, erlauben fünf Dörfer einen Einblick in den Alltag der Dai-Minderheit, einer der größten in Yunnan. Sie sind ethnisch mit den Thai verwandt, die Grenze ist nicht weit.

Es ist Mitte April, und die Dai feiern ihr Neujahrsfest. Grund genug, um die Reise in Gan La Ba für einen Tag und eine Nacht zu unterbrechen. Der Abschied vom alten und die Begrüßung des neuen Jahres wird mit reichlich Wasser gefeiert. Am letzten Tag des Jahres tauchen die Dorfbewohner Blumen ins Wasser, eine Geste, die Glück und Fruchtbarkeit bringen soll. Einen Tag später, mit Beginn des neuen Jahres, strömen sie zu den Tempeln und »baden« andächtig die Statuen des Erleuchteten. Das Ritual soll an die Legende erinnern, nach der ein Drache – oder war es eine heilige Schlange? – den Buddha bei seiner Geburt »getauft« haben soll. Danach wird die Stimmung ausgelassener, man bespritzt sich nach Herzenslust mit Wasser, und da wir nicht flüchten, werden auch wir in das nasse Freudenfest einbezogen.

Endlich setzen wir in der Grenzstadt Mohan mit einer Fähre zum laotischen Ufer über. Dort wartet der Flussdampfer, der uns auf dem Mekong durchs Goldene Dreieck bringen wird, mit Abstechern nach Thailand und Burma, bis hin nach Luang Prabang, in die alte Königsresidenz, die heute ein Sehnsuchtsziel so vieler Asien-Traveller ist.

»Wir haben uns arrangiert«

Begegnung mit der Reiseleiterin Nangsed Dolma

Die junge Frau mit den lachenden Augen hält in der einen Hand einen Becher mit Buttertee, den ihr die alte Frau im abgelegenen Bergdorf eben gereicht hat, mit der anderen Hand tippt sie eine SMS in ihr Smartphone. Diese Gleichzeitigkeit von Moderne und Tradition – hier das Ritual der Begrüßung, wie es seit ewigen Zeiten im tibetischen Kulturraum üblich ist, dort die selbstverständliche Nutzung eines Geräts unserer Zeit – hat Symbolcharakter.

Die achtundzwanzigjährige Reiseleiterin Nangsed Dolma, die uns durch das Yunling-Gebirge, den östlichsten Ausläufer des Himalayas, in der chinesischen Provinz Yunnan begleitet hat, pendelt nahezu täglich zwischen den unterschiedlichsten Welten. Ihr Zuhause ist einerseits ein Zimmer in Yunnans Hauptstadt Kunming, der Sieben-Millionen-Metropole, andererseits die elterliche Dorfhütte hoch im Norden, in den Bergen von Shangri-La. Die Region wird fast nur von Tibetern und verwandten nichtchinesischen Volksgruppen bewohnt, aber von Chinesen verwaltet, wie nebenan die große autonome Region Tibet, allerdings nicht so strikt bevormundet.

Nangseds Vater züchtet Yaks, baut mit seinen drei Söhnen Gerste an und erntet eine Pilzart in über viertausend Metern Höhe, die sogar in Peking gefragt ist. Die Landwirtschaft sichert ihm einen bescheidenen Wohlstand, immerhin so viel, dass er seine Tochter in Kunming studieren lassen konnte. Seit sie überdies ein halbes Jahr in Dharamsala, dem Wohnort des Dalai Lama in Nordindien, verbracht hat, genießt die junge Frau in ihrem Dorf besonders hohes Ansehen.

Nangsed spricht hervorragend Englisch, mit ihrer fröhlichen Art kommt sie gut an bei den Touristen aus dem Westen. Von denen lässt sie sich gern Nancy nennen, der Einfachheit halber, wie sie sagt.

Vier Tage waren wir mit ihr schon durch die Hochtäler ihrer Heimat gezogen, hatten Orte besucht, die wie aus der Zeit gefallen wirkten, und abgelegene Klöster, in denen nach den Jahren des verordneten Stillstands wieder buddhistisches Leben pulsiert. Immer wieder hatte sie uns gewarnt, nicht zu schnell aus dem Bus und später aus dem Geländewagen auszusteigen. Die Luft ist dünn in über dreitausendsiebenhundert Metern Höhe, und nicht nur die dramatisch-schöne Landschaft mit ihren schneebedeckten Fünf- und Sechstausendern im Hintergrund raubt einem den Atem.

Nancy, haben wir sie gefragt, kannst du uns nicht einen Besuch in einem Dorf ermöglichen, vielleicht bei Verwandten von dir? Kein Problem, lasst mir nur so viel Zeit, bis ich wieder ein Netz habe. Und dann ging alles ganz schnell, ein paar Telefonate, und einen Tag später waren wir auf dem rumpligen Weg nach Ringha, drei Stunden mit einem geländegängigen Kleinbus in ein Dorf, wo neben Tibetern auch Lisu leben, Angehörige einer Minderheit, die ethnisch keine Tibeter sind, aber ebenfalls den Lamaismus, die tibetische Form des Buddhismus, praktizieren.

Und nun sitzen wir im Holzhaus um einen offenen Feuerplatz, schlürfen Buttertee und hören, von Nangsed übersetzt, wie die Familie Ansum, sieben Leute, unter diesem Dach lebt. Bauern sind es, nicht arm, nicht reich, der Tradition verpflichtet. Die alte Frau, die uns den Begrüßungstrunk gereicht hat und die jetzt harten Käse aus Yakmilch anbietet, ist die Großmutter von Nangseds Verlobtem. Der, ein Lisu, leistet gerade seinen chinesischen Militärdienst in der Nachbarprovinz Sichuan ab.

Nancy erklärt die Bedeutung der Holzsäule in der Mitte jedes Wohnzimmers, um die zu vielen Gelegenheiten getanzt wird. Sie deutet auf die Schwelle am Eingang, die man nicht berühren, nur übersteigen darf. Auf dem Hausaltar stehen zu unserer Verblüffung Bilder vom Dalai Lama und von Mao einträchtig nebeneinander. Nancy findet nichts dabei: »Wir haben uns mit den Chinesen arrangiert«, sagt sie, und tatsächlich darf die eigene Religion wieder offen praktiziert werden. Ansonsten lebe man eher neben- als miteinander.

Wie schwarze Punkte wirken die vielen Hundert Yaks auf den Weiden rund um das Dorf Ringha, als wir nach zwei Stunden wieder ins Freie treten. In unserer Kleidung hält sich noch lange der Geruch von Rauch und Erde aus der Hütte der Ansums. Wie geht es bei dir weiter, Nangsed, wollen wir wissen, nachdem sich die junge Tibeterin mit einem

Lied aus ihrer Heimat von uns verabschiedet hat. Sie wolle heiraten, sobald der Freund die Uniform ausgezogen habe, sagt sie lachend. Und seit Langem spare sie jeden Yuan und jeden Dollar vom Trinkgeld für die Hochzeitsreise. Die soll nach Peking gehen und an die Große Mauer. Wenigstens einmal im Leben müsse man die gesehen haben, sagt Nangsed. So wie den Potala-Palast in Lhasa, den sie sogar schon dreimal besucht hat.

Opium fürs Volk

Zweite Etappe: Das Goldene Dreieck

Der Mann liegt auf einer Pritsche, ausgemergelt, apathisch. Sein Alter ist schwer zu schätzen, er wird wohl dem Tode näher sein als dem Leben. Die Rippen stehen aus dem Brustkorb hervor, es scheint ihm schwer zu fallen, die Opiumpfeife in der Hand zu halten, seine Umgebung ist schmuddelig und dunkel. Es ist eine beklemmende Szene. Einen langen Moment lässt sich vergessen, dass dieser Mensch nachgestellt ist, aus Wachs vermutlich, unglaublich realistisch. Der abstoßende Eindruck ist gewollt.

Die Szene ist in der »Hall of Opium« zu sehen, einem Museum im Zentrum des Goldenen Dreiecks, ein paar Kilometer außerhalb der thailändischen Kleinstadt Chiang Saen am Mekong, unweit der laotischen und der burmesischen Grenze. Drastischer, schockierender und deutlicher zum Nachdenken anregend lassen sich die Geschichte, die Verarbeitung und vor allem die Folgen der Schlafmohnprodukte nicht präsentieren.

Wir waren aus China zunächst nach Laos eingereist. Gestern erst hatten wir in Ban Nam Denk, einem sehr kleinen, sehr armen Dorf der Hmong-Volksguppe zugeschaut, wie Papier aus Bambussprossen hergestellt wurde, für den Hausgebrauch, nicht für uns Besucher. Alltagsszenen hatten uns angerührt: Kinder, die ihre Spielzeuge aus dem Abfall der Natur gebastelt hatten, Frauen, die ihrem Tagwerk wie eh und je nachgingen, die Schüsseln noch nicht aus Plastik, die Gestelle vor den Hütten aus dem harten Holz der Urwaldbäume von nebenan.

Schließlich hatte uns ein magerer alter Mann in eine etwas düstere Ecke seiner Hütte gewinkt und aus einem Lappen eine Opiumpfeife hervorgekramt, schön geschnitzt, mit Beschlägen, die silbern glänzten. Sein Vater habe sie benutzt, fast ein Leben lang, mindestens einmal am Tag. Auch Opiumgewichte, kleine, gusseiserne Elefanten, und Besteck zum Stopfen, Anzünden und Köcheln der Droge holte der Alte nach und nach aus einem Kästchen hervor. Er selbst, so hörten wir heraus, habe noch bis vor ein paar Jahren eine der dreiundzwanzig Arten des Schlafmohns (Papaver somniferum) angebaut, aus deren Milchsaft sich Opium herstellen lässt.

Dann habe die Regierung das verboten. Man wollte zumindest offiziell nicht länger mit dem kriminellen Image des Drogenhandels behaftet sein, so hieß es aus der fernen Hauptstadt Vientiane. Seither, so ließ uns der Hmong-Mann in Ban Nam Denk wissen, gehe es ihm und seiner Familie schlecht. Es ärgere ihn, dass sein Dorf so folgsam die Anordnungen der Behörde umgesetzt habe. Da drüben hinter den Bergen, gar nicht weit entfernt, so erzählt er im Flüsterton, blühten nach wie vor der rote Mohn und das Geschäft. Alle paar Monate kämen des Nachts Männer aus Myanmar, Chinesen, die das Rohopium für gutes Geld aufkaufen und auf Wegen über Grenzpfade schmuggeln, die schon seit Jahrhunderten von Händlern ihres Schlages benutzt werden.

Und wirklich wird im nördlichen Hochland von Laos, in der Mekongregion, nach wie vor Mohn angebaut, mehr oder weniger im Geheimen. Die Regierung hat eingesehen, dass mit der eine Zeitlang praktizierten Umsiedlung von Minderheitendörfern nur Trotz, Widerstand und kriminelle Strukturen gefördert wurden. Auch der alternative Anbau von Mais, Weizen oder Kartoffeln hat in Höhen um die tausend Meter nicht gefruchtet. Der Schlafmohn aber gedeiht gut auf den mageren Böden.

Zurück in die Hallen des Schreckens. Der letzte Raum des erst 2005 eingerichteten Opiummuseums dient der stillen Reflexion, dem Nachdenken über das Gesehene: Ein Saal war den Hintergründen der Opiumkriege gewidmet, die England im 19. Jahrhundert gegen China angezettelt hat, um das Kaiserreich zur Öffnung der Märkte zu zwingen. Andere Räume zeigten, didaktisch hervorragend aufbereitet, die Geschichte des Mohnanbaus im Dreiländereck, der vorwiegend von den Angehörigen der vielen Minderheitenvölker betrieben wurde und wird. Auch die medizinische Nutzung der Drogen, Stichwort Morphium, findet ausreichend Erläuterung, am eindrucksvollsten aber sind die Folgen von Abhängigkeit und kriminellem Handel dargestellt.

Die »Hall of Opium«, bei weitem nicht so gut besucht wie das Spektakel rund um den überdimensionierten Buddha, lässt keinen Raum für Verklärung, die Erinnerungen an all die abenteuerlichen Schilderungen aus den Opiumhöhlen des Fernen Ostens erscheinen auf einmal in anderem Licht. Das Gebäude gehört der Mae-Fah-Luang-Stiftung, ins Leben gerufen von Prinzessin Srinagarindra, der Mutter des Königs Bhumibol. Sie, die so verehrt wurde wie der König selbst, ist 1995 im Alter von vierundneunzig Jahren gestorben. Die Bekämpfung des Drogenunheils im Nordosten ihres Landes hat die Königinmutter über Jahrzehnte bewegt.

Von allen Staaten in der Region ist es nur Thailand überzeugend gelungen, den Opiumanbau weitgehend einzudämmen. Man hat erfolgreich auf Tee- und Kaffeeanbau, noch wirkungsvoller auf die Förderung eines naturnahen Tourismus mit Elefanten-Camps und Trekkingtouren durch den Dschungel gesetzt. Der Handel mit Drogen wird in Thailand mit dem Tode bestraft. Die Abschreckung funktioniert, weil die Sanktionen auch gegen westliche Touristen unerbittlich eingesetzt werden.

Der Begriff Goldenes Dreieck ist noch nicht alt. Er kam erst Anfang der siebziger Jahre auf, ein eingängiges und mit den Legenden des Drogenschmuggels spielender Name, der schnell seinen Weg in die Reisekataloge fand. Er soll auf das Edelmetall hinweisen, mit dem die Chinesen in alten Zeiten das Opium bezahlt haben. Geografisch gemeint ist einerseits die gesamte große Region im noch immer weitgehend unzugänglichen Grenzgebiet der drei Länder, mit der laotischen Nordwestprovinz Luang Nam Tha im Zentrum. Im engeren Sinne ist der Punkt gemeint, wo im Thai-Dorf Sop Ruak, am Zusammenfluss von Mekong und Mae Sai, Thailand, Laos und Burma aneinanderstoßen.

Bei klarer Sicht, die hier eher selten ist, lassen sich von der kitschig-goldenen Buddhastatue aus sogar die Berge Yunnans im Süden Chinas ausmachen. Die Thais, geschäftstüchtig wie immer, haben auf diesem Hügel eine Art Erlebnispark errichtet. Beliebte Fotomotive sind, neben dem großen Buddha zu Ehren Königin Sirikits, das Schild, das in Thaischrift und auf Englisch das Golden Triangle anzeigt und natürlich der Zusammenfluss der beiden Ströme, der von oben wie ein gleichschenkeliges Dreieck aussieht.

Thailand bekämpft Handel und Konsum harter und weicher Drogen. Auch die Spielsucht steht offiziell unter staatlicher Ächtung. Kasinos sind deshalb im Königreich streng verboten – und werden doch von Thais in großem Stil betrieben. Zum Beispiel in einem Luxushotel, das sich zum leicht verruchten Namen des Goldenen Dreiecks auch noch mit dem Hinweis aufs Paradies schmückt: Das Resort Golden Triangle Paradise liegt bei Chiang Saen, nicht weit entfernt von der viel besuchten Stadt Chiang Rai, gehört aber nicht zu Thailand, sondern zu einem Zipfel von Myanmar, ist also eine Art Zocker-Enklave. Vom Frühstückstisch aus lassen sich Elefanten beobachten, bei Tripadvisor werden die Spaghetti im italienischen Restaurant gelobt, alle Zimmer, so wirbt das Haus, bieten einen schönen Blick auf den Mekong. Das Opiummuseum ist nur fünf Minuten Fußweg entfernt.

Im Reich der eine Million Elefanten

Dritte Etappe: Auf dem Fluss durch Laos

Dunst liegt über den Palmen am Ufer, über dem breiten Strom und jetzt auch vor der Sonne, die noch vor einer Stunde hellgelb und klar aus dem Fluss gestiegen ist. Es riecht nach Kokosöl, nach dem Fett der Garküchen, dem Benzingemisch der *Tuk-Tuks* und dem Diesel der Schiffsmotoren. Es ist genau diese Geruchsmelange der Tropen, die Asienliebhaber aus aller Welt immer wieder nach Hinterindien und an den Mekong reisen lässt.

Pak Tha am frühen Morgen, ein Dorf im Norden von Laos, direkt am Mekong gelegen. Einen Hafen gibt es nicht, auch keinen Anleger, keinen Pier. Zwei Lastwagen und einige Ochsenkarren schieben sich rückwärts an die steile Böschung. Schmalhüftige Träger schleppen Säcke und Körbe zu den Frachtkähnen hinunter. Im graubraunen Wasser seifen sich die Alten ein, putzen sich Scharen kleiner Kinder die Zähne, waschen Frauen ihre Wäsche.

Die »Mekong Sun«, ein kleines, feines Holzschiff, ist seit einigen Tagen unser Zuhause auf dem großen Strom. Es ist fast überall nur durch eine Art Rutschpartie von Land aus zu erreichen. Starke Hände aus der Mannschaft stützen die Passagiere nach jedem Ausflug und balancieren mit ihnen über ein Brett, das die Gangway ersetzt. An

Bord werden kühle Tücher und frisch gepresster Mangosaft gereicht, das Abenteuer Flussreise, die langsame Annäherung an Laos, beides gestaltet sich so zünftig wie stilvoll.

Landgang, zum Beispiel in Ba Don Sai Nam, dem »Dorf der schönen Sandinsel«. Etwa fünfzig Familien leben hier, ärmlich, friedlich und, wie es scheint: fröhlich. Der Rat der Ältesten stellt sich vor, auch, wirklich und wahrhaftig, zwei »Frauenbeauftragte«, Mutter und Tochter. Es ist höllisch heiß, und wer auf eine Kopfbedeckung verzichtet hat bei diesem Abstecher durch Plantagen und dschungelähnliche Wildnis, wird noch Tage an einem Sonnenbrand leiden oder Mühe haben, die Moskitostiche auf der Stirn zu kühlen. Eine Kinderschar eskortiert uns auf einer Wanderung zu karstigen Zuckerhutbergen, vorbei an Baumriesen und Bambuswäldern.

*

Es war einmal ein Königreich in Hinterindien, weit entfernt von den Schauplätzen der Weltgeschichte. Lan Xang, »Reich der eine Million Elefanten«, nannten es seine Bewohner, friedfertige Bauern und Handwerker, die nur nach der Lehre Buddhas leben wollten. Der Eroberungslust ihrer Nachbarn aus Siam, Burma, Vietnam und China waren sie nur selten gewachsen. Als 1893 die Franzosen kamen und Schutz anboten, ließ der König von Laos sie gewähren. Bis 1945 gehörte das alte Lan Xang zu Französisch-Indochina. Danach begann der erste Krieg in dieser Region, den die Franzosen im Mai 1954 verloren. Jahrelang versank Laos danach in einem Bürgerkrieg, den in Europa kaum jemand durchschaute.

Und es war einmal, in dieser instabilen Zeit, eine königlich-laotische Regierung, die sich von Amerika mit jährlich sechshundert Millionen Dollar Waffen- und Wirtschaftshilfe am Leben halten ließ. Die Bauern huldigten weiterhin ihrem Buddha, und die Vietnamesen, die ungeliebten Nachbarn im Osten, bauten den Ho-Chi-Minh-Pfad auch durch Teile von Laos. Auf einmal sah sich das neutrale Königreich ins Blickfeld der Welt gestoßen, hineingezogen in einen Krieg, der es eigentlich gar nichts anging. Auf das Land fielen in kurzer Zeit mehr Bomben als auf ganz Europa während des Zweiten Weltkriegs.

1975 kamen die Kommunisten der Pathet-Lao-Bewegung an die Macht, ganz unblutig. Aber viele Andersdenkende flüchteten oder verschwanden in Gefängnissen. Der letzte König von Laos, Savang Vatthana, der bis 1975 in Luang Prabang residiert hatte, wurde mit seiner Frau und dem Kronprinzen in ein Lager deportiert. Dort kam die Königsfamilie unter ungeklärten Umständen ums Leben, irgendwann zwischen 1979 und 1984. Savang selbst starb 1981. Das Königreich der eine Million Elefanten, über Jahrhunderte ein Land voller Geheimnisse und exotischer Wunder, hatte aufgehört zu existieren. Das Laos von heute, nur sieben Millionen Einwohner, aber so groß wie die alte Bundesrepublik Deutschland vor der Wende, gehört zu den ärmsten Staaten der Welt. Die Versuchungen, sich ein Stück vom großen Kuchen abzuschneiden, sind groß, und der Preis ist hoch: Ein Drittel der

Wälder wurde allein in den letzten fünfzig Jahren abgeholzt, der Mekong, die natürliche Lebensader des Binnenstaates, wird durch immer neue Staudammprojekte stranguliert, die Abhängigkeit von China wächst und treibt die junge Elite außer Landes, Ärzte, Ingenieure, Computer-Spezialisten. Im wirtschaftlich erfolgreichen Nachbarland Thailand leben zwanzig Millionen Laoten, in Amerika weitere drei Millionen.

*

Unser Schiff, so viel Komfort es im Innern auch bietet, passt zum Bild und zum Rhythmus dieses Landes und seines großen Stromes. Es wirkt zwischen den Kähnen und Schleppzügen, die Gemüse, Reis, Sand oder Wasserbüffel und manchmal auch zwei, drei Autos transportieren, nicht wie ein Fremdkörper. Es muss sich so behutsam wie alle anderen Fahrzeuge seinen Weg zwischen den vielen Felsen, Stromschnellen und Sandbänken suchen. Nachts kann es gar nicht fahren und an manchen Tagen muss es über Stunden irgendwo am Dschungelufer festmachen, weil sich der Nebel erst am späten Vormittag lichtet.

Der Kapitän heißt Khampet. Er wurde vor fünfzig Jahren auf einem Holzfrachter geboren, der seinem Vater gehörte, mitten auf dem Strom. Barfuß hockt er bis zum frühen Abend im Ruderhaus auf einem Stuhl, neben ihm der Lotse, der auch schon sein ganzes Leben auf diesem Fluss verbracht hat. Ein Echolot gibt es nicht; es würde nichts nützen, sagen die beiden Navigatoren, weil sich der Untergrund sowieso alle paar Meter ändert. Höchstens acht Knoten, also dreizehn bis vierzehn Kilometer pro Stunde, legt unser Schiff zurück, wenn die Sicht klar ist. Die Passagiere haben sich dem Klima, dem Rhythmus Südostasiens und dem trägen Lauf des Mekong angepasst: Alles fließt, ganz besonders der Schweiß.

Unterwegs: schroffe Felsen und immer wieder Sandbänke und grüne Inselchen im Fluss, der Kapitän und sein Lotse müssen hochkonzentriert Slalom fahren. An Backbord Teakholzplantagen über viele Kilometer, hochstämmige und schlanke Bäume. An Steuerbord wechselt sich tiefgrüne Wildnis mit graubraunen Hügeln ab, kahl rasierte Erde, die dem nächsten Monsun nicht standhalten und in den Fluss rutschen wird.

Zwei Tage noch bis Luang Prabang. Die »Mekong Sun« hat an einer Sandbank festgemacht. Matrosen, Zimmerjungen, Khampet, der Kapitän, und Houmphan, der Bordclown, machen Musik. Die Passagiere stimmen deutsche Volkslieder an, irgendwann wird sogar getanzt. Mit jedem Gläschen Reisschnaps rücken die Leute aus dem nächsten Dorf, die mit ihren Booten herübergekommen sind, näher ans Feuer und an die Fremden. Schließlich werden gemeinsam »Wunschballons« in den nächtlichen Himmel geschickt, kleine Ballons aus Seidenpapier, unter denen Teelichter glühen. Niemand singt mehr, alle schauen den leuchtenden Wünschen nach, bis diese von der Dunkelheit aufgesogen werden.

»Buddha war weit weg«

Begegnung mit dem Guide Kham Chan

Auf die schönsten Details der buddhistischen Klöster weist er mit der gleichen Routine hin wie alle lizensierten Führer in der ehemaligen Königsstadt am Mekong: »Schauen Sie nur diese Mosaikwand an, wie die Steine funkeln und glitzern«, lädt er seine vorwiegend deutschen Gäste in deren Sprache zum Staunen ein. Aber Kham Chan ist dennoch kein Laos-Guide wie jeder andere. Sein Schicksal spiegelt die jüngste Geschichte des geschundenen Landes. Es ist ein Beleg für die Wahrhaftigkeit des Prinzips Hoffnung.

Wir haben uns im Wat Xieng Thong getroffen, einem Tempel, dessen rotgoldene Faltendächer aus dem Tropengrün leuchten. Zwei Tage waren wir durch Luang Prabang gelaufen. Kham Chan hatte von seiner Zeit als Novize erzählt, vier Jahre hatte er als Junge und Jugendlicher Buddhas Lehre von den Ursachen und der Wirkung allen Handelns studiert. In einem Vorort hatten wir zugeschaut, wie Reispapier geschöpft, in einem anderen Dorf, wie Seidenraupen gezüchtet und Reisschnaps gebrannt wird. Zum Sonnenuntergang waren wir mit einem Boot über den breiten Fluss gefahren, um Tempel anzuschauen, die noch kein Reiseführer beschrieben hat.

Irgendwann, als alle Anekdoten zu den Produkten (»Früher wickelten die Hmong-Leute in den Bergen ihr Opium in Seidenpapier ein, weil es reißfest ist«) und zu den Blumen der Region (»Goldregen und Christusdorn werden gern vor den Häusern angepflanzt. Beide sind zwar giftig, aber sie gelten als Glücksbringer«) preisgegeben waren, erzählte Kham Chan zögernd von sich, von der Achterbahn seines Lebens.

In Laos war er nach Schule und Militärdienst auf keinen grünen Zweig gekommen. Als die DDR noch 1987, zwei Jahre vor dem Zusammenbruch, in Vietnam, Laos und anderen »sozialistischen Bruderstaaten« billige Arbeitskräfte anwarb, sah Kham Chan seine Chance gekommen: »Aber letztlich waren wir nur gut genug für die Drecksarbeit.« Immerhin lernte er rasch Deutsch, spricht es heute noch mit einem sächsischen Akzent. Nach dem Fall der Mauer ging er in den Westen, jobbte hier und da, arbeitete auch mal als »Wirtschafter« auf der Reeperbahn in Hamburg. Ein paar Monate verdiente er dort ganz gut – und verspielte kurz darauf wieder alles. Das ging ein paar Jahre so: »Ein Scheißleben war das, Buddha war weit weg …«

Als Kham Chan 1999 den Weg zurück nach Laos fand, hatte er hundert Mark in der Tasche. Er nahm eine Arbeit an, nach der sich niemand drängelte und meldete sich bei den ausländischen Spezialisten, die im östlichen Hochland Munition und Minen aufspürten und kontrolliert zur Explosion brachten, ein Himmelfahrtskommando.

Nach ein paar Monaten »an der Front« hatte

Kham Chan es zum Dolmetscher der deutschen Experten auf der legendären Ebene der Tonkrüge geschafft. Und dort, in den abgelegenen Zeltstädten, lernte er Mai kennen, die als Köchin von Einheimischen und Ausländern gleichermaßen geschätzt war. Die beiden heirateten und zogen nach Luang Prabang. Seit zehn Jahren hat Kham Chan eine Lizenz als Reiseleiter, zeigt seinen Gästen, wo er zur Schule gegangen und wo »sein« Kloster gewesen ist, hat gute Tipps für preiswerte Restaurants und spielt am Nachmittag mit seinen Nachbarn Boule, auch so eine Hinterlassenschaft der Franzosen. Das Leben ist für ihn, nach reichlich Irrungen und Wirrungen, längst wieder lebenswert.

Manchmal, wenn er spürt, dass ein Kunde zum Freund werden könnte, lädt Kham Chan ihn in sein Haus ein, an dem er fast jeden Tag ein paar Stunden lang baut und bastelt. Ein paar Gemüse- und Kräuterbeete hat er so akkurat angelegt »wie es bei euch in den Schrebergärten üblich ist«. Sohn Meung, gerade zehn geworden, zupft darin Unkraut und winkt vergnügt zur Veranda hoch. Dort serviert Frau Mai einen Mekongfisch, den sie heute morgen am Fluss gekauft und vorhin in Bananenblättern gegart hat. Kham öffnet eine Flasche Beerlao und schaukelt Töchterchen Nam Min, vier Jahre alt, in ihrer Hängematte. Eine halbierte Bombenhülle dient als Blumentopf – für Laburnum, den glücksbringenden Goldregen.

Die himmlische Stadt

Vierte Etappe: Luang Prabang, die alte Königsresidenz

Auf dreihundertsechsundzwanzig Stufen bereitet der eine Reiseführer seine Leser vor, auf dreihundertachtundzwanzig ein anderer, ein dritter hat dreihundertneunundzwanzig gezählt. Und einer dieser gedruckten Guides meint allen Ernstes, auf dem Phou Si, dem heiligen Berg im Herzen von Luang Prabang, auf dessen Gipfel diese vielen Stufen führen, gebe es »eigentlich nichts Besonderes« zu sehen.

Gezählt habe ich die Stufen nie, nicht ein einziges Mal in all den Jahren, die es mich immer wieder voller Begeisterung und voller Demut auf die Spitze getrieben hat, dazu war ich viel zu abgelenkt. Einmal hat mich ein Kindermönch am Fuß der Treppe in ein »Gespräch« verwickelt. Er kannte etwa ein Dutzend englischer Wörter, ich etwa halb so viele laotische. Aber wir haben uns gut verstanden und viel gelacht, zum Beispiel über Gesandte des chinesischen Kaisers sowie einen Händler und einen Missionar aus dem Europa des 17. Jahrhunderts, die im Wat Pa Khe, einem Tempel am Fuße des Phou Si, reliefartig und wie Karikaturen in zwei Holztüren geschnitzt sind. Und über die Affen, die sich draußen von einer Buddhastatue zur anderen hangelten und gern auf dem Kopf des Erleuchteten saßen, haben wir schmunzelnd gestaunt.

Ein andermal hat mich ein alter Mann, eine Art emeritierter Mönch, ins Innere des Wat Pa Huak begleitet; das »Kloster des Bambuswaldes« liegt unweit des ehemaligen Königspalasts direkt unterhalb des heiligen Berges. Auf großflächigen Wandmalereien ist dort unter anderem der Gott Indra zu sehen, der, wie es ihm von alters her zugeschrieben wird, auf dem dreiköpfigen Elefanten Airavata reitet.

Hier der friedliebende Erleuchtete und da der Hinduheilige der Krieger, ein kraftstrotzender »Naturbursche« und maßloser Esser, wie es die frühen Veden erzählen, jedenfalls in allem das Gegenteil des Buddha. Andere Szenen zeigen Jambupati, einen legendären König, der von Buddha bekehrt und gekrönt wurde. Lange mag man diesen und noch mehr Bildern nachsinnen. Sie sind ein weiterer Beleg für die Symbiose der beiden großen Religionsphilosophien Asiens, wie sie in den Tempeln zwischen Benares und Borobudur so häufig anzutreffen ist.

Ein besonders imposantes Wandbild spiegelt Luang Prabang als himmlische Stadt. Und irgendwie ist sie das auch in der Realität: voller Magie und gelebter Frömmigkeit der Einheimischen, viel besucht, aber noch nicht zu Tode geliebt. Für Asienreisende aller Art, für Traveller wie für Kulturpilger, ist sie seit einigen Jahren zum favorisierten Etappenziel auf ihrem Törn durch Südostasien geworden. Erst recht für Reisegenießer, die in einem der Restaurants am Mekong hocken, dem Treiben am Strom zuschauen und auf den Sonnenuntergang warten. Zum Beispiel am Wat Phra Baht Thai. Die Vietnamesen, die hier im Süden der Stadt eine kleine Gemeinde bilden, nennen den Ort Chua Phat Tich. Die Besucher aus dem Westen kommen aber weniger wegen der Legenden, die sich an dieser Stelle um einen mythischen König und eine mächtige *Naga*-Schlange ranken, sondern um den Feuerball hinter den Bergen am Westufer des Mekong untergehen zu sehen, ein Schauspiel, dessen himmlischer Regisseur vor dem letzten Vorhang unglaubliche Lichtreflexe auf den Fluss zaubern lässt.

Luang Prabang, um 1350 als Keimzelle und Hauptstadt des alten Reiches Lan Xang, »Königreich der eine Million Elefanten«, gegründet, liegt malerisch am Zusammenfluss von Mekong und Nam Khan. Bereits beim Anflug aus südlicher Richtung beeindruckt der breite Strom, Sandbänke sind zu sehen, unzählige Schiffchen und gleich darauf Dutzende goldener und roter Dächer, die meisten davon gehören zu einem *Wat*, einem Kloster oder einem Tempel. Luang Prabang, gerade mal dreißigtausend Einwohner, ist die Stadt der Pagoden, zweiunddreißig zählen die Bücher auf, aber es sind, mit den heiligen Stätten in der Umgebung, wohl an die Hundert. Über allen thront That Chomsi, ein vergoldeter Reliquienschrein auf dem Phou Si, der auch in die Nacht leuchtet.

Als ich zu Beginn der neunziger Jahre das erste Mal in diese Stadt kam, der Eiserne Vorhang in Europa war gerade hochgezogen, der Bambusvorhang in Südostasien aber im Alltag noch recht stabil, war Luang Prabang im Westen noch kein Begriff, in keinem Fernreisekatalog war Laos damals vertreten. Seinerzeit habe ich im Freundschaftshotel gewohnt. Der Blick ins Reisfeld war traumhaft, der Komfort in den Zimmern bescheiden. Das eine hat mich gefreut, das andere nicht gestört. Es hätte ohnehin kaum eine Alternative gegeben; allenfalls wäre ein Schlafplatz in Klöstern möglich gewesen oder, mit etwas Glück, bei einer der skandinavischen Hilfsorganisationen, die mit Minenräumern halfen, den Schrott und die Traumata der Kriege zu minimieren.

Damals wirkte ganz Luang Prabang auf mich wie ein großes Monasterium, sehr still, sehr friedlich. Kein Hotel organisierte, wie es üblich geworden ist, frühmorgens den Ausflug zum *Tak Bat*, dem rituellen Einsammeln der Morgengabe, dieser für die Laoten heiligen und gleichzeitig alltäglichen Szene. Inzwischen stellen einige Nobelherbergen ihren Gästen sogar Deckelkörbchen, mit Klebreis gefüllt, zur Verfügung; es soll so authentisch wie möglich zugehen. Manche Hoteldirektoren sind überzeugt, damit eine Form des sanften Tourismus zu praktizieren; sensible Reisende halten die Geste hingegen bestenfalls für gut gemeint, was ja eher selten aufs Gute hinausläuft.

Inzwischen bleibe ich solchen Szenen und damit leider auch der Zeremonie fern. Von der Terrasse der Residence Phou Vao, der Name bedeutet »Drachenberg« und steht für die wohl schönste Unterkunft der Stadt, schaue ich stattdessen frühmorgens zu, wie die ersten Sonnenstrahlen die goldene Spitze des Phou Si ausleuchten. Das Hotel, großzügig, weiträumig und grün angelegt wie eine Lodge, hat sich eine Philosophie zugelegt, die zur Stadt und zum Gegenüber des heiligen Berges passt. Die hundertfünfzig Angestellten sind vom Arbeitgeber krankenversichert – keine Selbstverständlichkeit in Luang Prabang oder im übrigen Laos. Bei Problemen oder Todesfällen in der Familie kümmert sich die Hotelleitung, hilft mit Geld oder freien Tagen, auch hierbei mehr als üblich. Aus vielerlei Kräutern und dem Gemüse aus dem fast vier Hektar großen Garten bedienen sich tagtäglich die Köche; es wird ambitioniert, vor allem aber mit regionalen Zutaten gekocht, laotische Gerichte behutsam auf den Speiseplan gesetzt.

Gärtner Pheng ist auch für die Geisterhäuschen zuständig, die übers Gelände verteilt sind und viele Gäste an Thailand erinnern, wo sie an jeder Ecke zu finden sind. Hier, auf dem Drachenberg, wohnt in jedem der Häuschen ein Buddha, von frischen Blumen umrahmt, für die Pheng noch ein wenig liebevoller sorgt als für das abwechslungsreiche Grün im Garten oder rund um das viel besuchte Spa-Haus, einem kleinen, feinen Tempel des Wohlbefindens.

Was macht denn nun den Zauber dieser Stadt aus? Es ist, dies vor allem, die entspannte, französisch inspirierte und zugleich exotische Atmosphäre am großen Strom. Auch die Bars und Cafés in den restaurierten Kolonialgebäuden an der Sisavangvong und an der Siphoupan Road und die Restaurants auf der Promenade hoch über dem Mekong und am Ufer des Nam Khan, tragen zum Reiz von Luang Prabang bei, so wie der Nachtmarkt unterhalb vom Phou Si und am Abend die verführerischen Düfte aus den Garküchen zwischen alter Post und Mekongufer.

Jahrzehnte ist es her, dass ich mit den ersten Franzosen, die sich nach den Indochina-Kriegen wieder in ihre alte Lieblingsprovinz in Fernost trauten, durch Laos gereist bin. In Luang Prabang hatten sie, zum Teil alte Haudegen aus der Verwaltung und dem Militär, Tränen in den Augen. Einer, damals sechsundachtzig Jahre alt und ehemaliger Minister, nannte die Stadt »mon paradis perdu«, mein verlorenes Paradies. Mit russischen Lastwagen waren wir in die Dörfer der Khmou und der Hmong gerumpelt, den bunt gekleideten Volksgruppen abseits des Flusses und der Stadt. Es waren bewegende Zeitreisen in eine längst vergangen geglaubte Epoche.

Heute wirken hier die Touristen selbst in großer Zahl nicht störend, unter ihnen viele Liebhaber einer melancholisch-meditativen Stimmung, wie sie nur eine Stadt prägt, die Dutzende Klöster birgt. So berühmte wie das Wat Xieng Thong, fast fünfhundert Jahre alt, das zu jedem geführten Stadtrundgang gehört. Gegen sieben Uhr morgens lässt sich hier nicht nur die frische Luft genießen, sondern man hat oft den Komplex mit seiner wunderschönen Ordinationshalle und den vielen Nebengebäuden nicht selten für sich allein.

Wer sich in der Stille solcher Klöster verlieren mag, kann über Tage und Wochen von einem *Wat* zum anderen wandern, Glasmosaiken und alte Bibliotheken bestaunen oder die Andacht der Gläubigen vor den unterschiedlichsten Statuen Buddhas respektvoll teilen. Abends wird man dann am Mekong sitzen, die Eindrücke nachlesen, ein kühles *Beerlao* trinken und frischen Fisch aus dem Mekong bestellen, im Bananenblatt gegart. Irgendwann aber wird man dann doch aktiv werden wollen, zum Beispiel auf Elefanten reiten in einem Camp bei Luang Prabang oder hinaus aufs Land radeln, in die dörflichen Vororte, *Ban* genannt. Die meisten dieser *Ban* sind jeweils einem Handwerk gewidmet, den Seidenwebern etwa, den Holzschnitzern und den Papiermachern, die ihren Stoff aus der Rinde des Maulbeerbaums gewinnen.

Oder man wird mit dem *Tuk-Tuk* zu den Wasserfällen von Tad Kuang Si fahren und dort in den Kaskaden baden wollen. Und man wird, das ist ein Muss, mit einem Langboot auf dem Mekong zu den heiligen Höhlen von Pak Ou tuckern, die nur auf dem Wasserweg zu erreichen sind. Tausend und abertausend Buddhafiguren, auf zwei Grotten verteilt, bewachen dort den Fluss, seine Geister und seine magischen Kräfte.

Nirgendwo auf seinem langen Weg vom Himalaya ins Delta zieht der Mekong seine Besucher so nachdrücklich in den Bann wie in und um Luang Prabang. Wer Zeit und den richtigen Blick hat, wird hier, zwischen den tiefgrünen und dampfenden Dschungeln auf der einen und den lichten Reisterrassen auf der anderen Seite, dem Mythos dieser Region ganz nahekommen. An seinen Ufern spielen, heute wie vor dem touristischen Zeitalter, rotznasige Kinder mit Reifen, Männer werfen ihre Netze aus, Bambusflöße, auf denen Wäsche am Mast flattert, gleiten fast lautlos vorbei. Auf einer Sandbank wird Schnaps aus einem Reissud destilliert, *Lao-Lao* heißt der nationale Fusel, und er ist so berühmt wie berüchtigt.

»Die Laoten lieben meine Bockwurst«

Begegnung mit dem Metzger Thomas Wilms

Das Dorf, aus dem knackige Würstchen, geräucherter Schinken und mariniertes Grillfleisch nach bester deutscher Tradition kommen, heißt Ban Phan Luang, gerade mal fünf Autominuten von Luang Prabang entfernt. Dort hat sich der Schlachtermeister Thomas Wilms aus dem Rheinland eine Existenz aufgebaut, die man in Sydney oder Chicago nicht für besonders ungewöhnlich halten würde. Aber in Laos, für die daheim: am Ende der Welt?

Die Erfolgsgeschichte des Thomas Wilms und seiner Frau ist einerseits ganz unspektakulär, und sie bildet doch ein großes Abenteuer ab. Sie beginnt in einem Thai-Restaurant im Bergischen Land. Dort trifft der damals neununddreißigjährige Metzger, der in einer Großschlachterei arbeitete, im Sommer 2002 auf Soumontha, eine Laotin aus Luang Prabang. Die junge Stadtplanerin, gerade vierundzwanzig geworden, hält sich für zwei Jahre in Deutschland auf, um sich für ihren Job international fit zu machen. Man ist einander sympathisch, verliebt sich, und als man ans Heiraten denkt, offeriert Soumonthas Vater, ein angesehener Beamter in Luang Prabang, dem Paar ein Grundstück in Luang Prabang.

Zusammen mit ihrem Bruder, einem Architekten, fängt Soumontha schon an, vor Ort ein Haus zu bauen, während Thomas noch in Deutschland sein erstes Leben abwickelt. Und dann geht alles ganz schnell: Honeymoon in Luang Prabang, zwischen goldenen Tempeln und einem magischen Fluss, Betriebsgründung im Dezember 2009, eine Metzgerei, ein Ladengeschäft und ein Großhandel, über den drei Viertel des Umsatzes ausgeliefert werden.

Soumontha hat ihren ersten Beruf aufgegeben; von Anfang an arbeitet sie im Wilms'schen Geschäft mit: »Ohne sie wäre unser Betrieb ein Schiff ohne Kapitän«, sagt ihr Mann. Sie betreut und berät die Kunden, kümmert sich um die Buchhaltung und springt überall ein, wenn es nötig ist sogar in der Schlachtung: »Wir verarbeiten jede Woche mindestens fünfzig Schweine, zwanzig Wasserbüffel und Rinder und produzieren an die vierzig Wurst- und Schinkenspezialitäten in deutscher Qualität.« Das blutige Handwerk aber muss der Meister in der Regel selber besorgen, seinen achtzehn vorwiegend buddhistischen Mitarbeitern kann und will er das Töten der Tiere nicht zumuten: »Es hat sich alles bestens eingespielt.«

Der Betrieb läuft »wie geschnitten Brot«, sagt Thomas Wilms stolz. Er beliefert alle namhaften Restaurants in Luang Prabang, teure wie das kolonial gestylte L'Eléphant, rustikale wie das Blue Lagoon und so renommierte Hotels wie die Résidence Phou Vao, das Apsara und das Amantaka. Auch auf den Mekongschiffen des Berliner Reiseunternehmers Hans Engberding, die zwischen Goldenem Dreieck und den viertausend Inseln an der Grenze zu Kambodscha unterwegs sind, wird Wurst und Schinken aus der Wilms'schen Produktion geschätzt.

Saftige Bierwurst, gut gewürzte Krakauer und die Braunschweiger Gekochte nach eigenem Rezept, das alles trifft nicht nur den Geschmack der Expats vor Ort und der Touristen, die nach drei, vier Wochen Klebreis, Nudelsuppe und Frühlingsrollen Lust auf etwas Deftiges haben: »Auch die Laoten lieben unsere Bockwurst.« Zu Anfang hatten Wilms und seine Frau Zweifel, ob die chinesischen Händler, von denen sie ihre Schweine kauften, auch korrekt abwogen. Also stellten sie sich erst einmal selber auf die Waage, um das korrekte Anzeigen zu überprüfen. Aber schon bald war das Misstrauen dem gegenseitigen Respekt gewichen.

Am Sonntag, ihrem einzigen freien Tag, erholen sich die Wilms in ihrem großen Garten. Soumontha pflegt und hegt die Blumen, der bodenständige Schlachter züchtet wie daheim Perlhühner und Kaninchen. Hin und wieder gönnt er sich einen Ausflug in die Umgebung, war auch schon im Süden, zum Beispiel in Pakse, dem hektisch wachsenden Handelszentrum an der Grenze zu Thailand und Kambodscha. In die alte und eher kalte Heimat will er nie zurück: »Wir haben hier durch eigenes Zutun unser Glück gefunden.«

Der morbide Charme der Tropen

Fünfte Etappe: Vientiane, Hauptstadt von Laos

Rückblick in mein Reisetagebuch, Frühjahr 1991: »Der erste Morgen in Vientiane, die ersten Bilder, die ersten Geräusche. Ein gleichmäßiger Strom von Radfahrern, Mopeds und Motorrikschas fließt durch die Rue Setthathirath. Manchmal teilt er sich, um einem Lastwagen auszuweichen oder Fußgängern, die mitten auf dem Boulevard ihrem Arbeitsplatz entgegengehen, schwatzend und ohne Eile, wie Kinder auf dem Weg zur Schule. Nur selten klingelt oder hupt es aus dem sanften Zwei- und Dreiradfluss heraus. Dann stieben ein paar Schweine über die Straße, und die bunten Vögel, die eben noch in den Frangipanibäumen gelärmt haben, flattern für einen Moment hinter funkelnde Tempel und verfallene Villen aus der Kolonialzeit.

Am Rande der Straße, auf löchrigen Wegen, wandert eine kleine Gruppe buddhistischer Mönche. Hier und da werden ihre Schalen mit Früchten, Reis und getrocknetem Fisch gefüllt. Nicht die Mönche in ihren gelborangenen Kutten bedanken sich, sondern die Spender. Sie falten die Hände vor dem Kopf, verbeugen sich und schauen den frommen Männern voller Demut nach.

Das frühe Licht wirkt milchig, aber die breiten Wedel der Kokospalmen in den Vorgärten der einst herrschaftlichen Häuser glänzen. Noch liegt die Feuchtigkeit der Nacht auf ihnen. Es riecht nach Sandelholz und nach süßen Tropenblüten, nach dem Treibstoff vieler Motorräder und nach frischem Weißbrot. Händler bauen kunstvolle Baguette-Pyramiden auf Handwagen und auf Planen, die sie über den Straßenstaub gelegt haben.«

Damals, vor über zwanzig Jahren, war ich mit einer Gruppe von Journalisten aus mehreren Ländern von Thailand nach Laos geflogen, in ein Land, von dem wir alle wenig wussten, das kurz zuvor noch verschlossen war, im Abseits einer Welt, die sich gerade anschickte, eine andere zu werden, eine Welt im Umbruch. Die Wirren nach dem Vietnamkrieg, den die Amerikaner auf Laos ausgedehnt hatten, der Fall der Monarchie und die Gründung der Demokratischen (kommunistischen) Volksrepublik, die Aussöhnung mit China und Vietnam, das alles lag zwar Jahrzehnte zurück, war aber noch längst nicht verdrängt und vergessen. Erst 1988, drei Jahre vor meinem ersten Besuch in Laos, hatte sich das Land zögernd geöffnet.

Die Journalisten, mit denen ich seinerzeit unterwegs war, gehörten zu den ersten »Touristen«. Sie fanden ein Land vor, das noch den Zauber des alten Asiens spiegelte. Und sie trafen auf Menschen, die noch dabei waren, die traumatischen Nachwirkungen der Kriege und der Kolonialzeit zu verarbeiten und zugleich die Existenz für den nächsten Tag zu sichern. Lächelnd waren sie uns begegnet, freundlich, und, so haben wir es seinerzeit wohl alle empfunden, ohne Arg und ohne Hass. Wir waren aus

Bangkok, Hauptstadt eines Landes, das gerade zum Tigersprung aus der Dritten Welt in die Liga der Schwellenstaaten angesetzt hatte, in den Hinterhof Südostasiens geflogen. Die Propellermaschine war niedrig über flaches braunes Land gebrummt, über Reisfelder und über Dörfer, deren Armseligkeit selbst noch aus der Luft zu erkennen war.

Anderthalb Stunden nach dem Abflug aus der gierig wachsenden Thai-Metropole waren wir in einer anderen Welt, einer anderen Zeit gelandet. Keine Gepäckkontrolle, keine Fragen am Zoll, nur ein paar schüchterne Männer in Uniform, die das Visum abstempelten, mit lila Tinte geheimnisvolle Zeichen in den Pass malten und uns neugierig musterten. Uns Weiße ebenso wie ein Dutzend ihrer Landsleute, die mit uns übers Rollfeld zum kleinen, bescheidenen Abfertigungsgebäude gelaufen waren.

Ein junger Mann, der unter einem Arm einen verpackten Grundig-Rekorder trug und unter dem anderen eine große deutsche Wanduhr, verbeugte sich, auf dem Asphalt kniend, vor einer Buddhastatue. Ich hatte ihn auf die Pakete angesprochen, auf Englisch, und er hatte sich auf Deutsch vorgestellt: »Boun Thieng mein Name. Ich komme gerade aus Gotha, aus der ehemaligen DDR …«

Dort sei er Lehrling gewesen, erzählte er, Vermessungstechniker. Er hatte zusammen mit anderen Asiaten in einem Heim gewohnt und hundertachtzig Ostmark im Monat verdient. Nach der Wende hatten sie ihn nicht behalten wollen in Thüringen.

Der junge Mann hatte leise gesprochen, so leise wie die Zöllner, so ruhig wie wir es in den nächsten Tagen immer wieder erleben sollten, so angenehm zurückhaltend, wie es bis heute in diesem Land üblich ist. Er hatte auch gelächelt, wie die Zöllner und die Funktionäre, die uns offiziell begrüßten. Aber das Lächeln des Heimkehrers habe ich anders in Erinnerung. In meinem Tagebuch habe ich es damals »wehmütig« genannt.

Seit diesem ersten Besuch bin ich oft und gern nach Vientiane zurückgekehrt, viele Jahre später. Meistens war die Stadt für mich Auftakt zu einer längeren Schiffsreise auf dem Mekong. Noch immer gibt es keine ausgebauten Kaianlagen am Fluss. Noch immer hält sich der Verkehr, trotz des zunehmenden Stromes japanischer und chinesischer Kleinwagen, in Grenzen. Gemessen an Hanoi und erst recht an Bangkok, aber auch an Phnom Penh und an Yangon, darf Vientiane noch immer die gelassenste, die gemütlichste Hauptstadt Südostasiens genannt werden.

Längst gehören natürlich Cocktailbars wie das Chicago oder das Spirit House, der Lieblingstreff der ansässigen Expats, zum Angebot des späten Abends. Musiklokale wie Jazzy Brick oder der Rock Pub, der Bands aus der Region eine Chance zum Live-Auftritt bietet, haben die Szene ein wenig aufgemischt. Die Bandbreite der Restaurants reicht von den Garküchen auf dem Nachtmarkt Ban Anou über das Peuan Mit Makphet, wo ehemalige Straßenkinder angelernt werden zu kochen und zu servieren, und das Kua Lao, wo traditionell laotisch gekocht wird, nur leicht entschärft, bis hin zu Edelfranzosen, Nobelitalienern und den üblichen Verdächtigen in großer Zahl: Indern, Chinesen, Vietnamesen, Thais …

Vorbei und verweht die Zeiten eines Paul Theroux, von denen er in seinem »Great Railway Bazaar« aus dem Jahre 1975 erzählt hat. Damals sollen »die Bordelle sauberer als die Hotels« gewesen sein, »Marihuana billiger als ein Glas Bier« und »Opium perfekt für die Alten«.

Noch 1991, immerhin, habe ich über meinen ersten Abend in Vientiane notiert: »War noch nicht müde, bin also durch die nachtdunklen Straßen gelaufen. Wo eine Laterne etwas Licht gibt, spielen Kinder. Auf die Fahrbahn haben sie mit Kreide ein ›Netz‹ gemalt, über das sie mit einem Ball aus Reisgeflecht Tennis spielen; die Handflächen ersetzen die Schläger.«

Manchmal war ein Jeep um die Schlaglöcher und um die Kinder gefahren, ein Geländewagen mit dem Symbol einer der vielen Hilfsorganisationen oder mit dem der Volksbefreiungsarmee. Alte waren mit ihren Stühlen auf die Straße gerückt, dicht unter die spärlichen Lichtquellen. An den Häusern waren grüne Fensterläden auszumachen, wie man sie aus der französischen Provinz kennt, auch einige Geschäftsschilder – »Tailleur« und »Salon du Thé« und »Magasin de meubles«, die Schriften so abgeblättert wie die Farbe der Häuser.

Irgendwo war ich schließlich eingekehrt, eigentlich nur auf einen Reisschnaps vor dem Schlafengehen, und hatte später in mein Reisetagebuch geschrieben: Madame hinter der Theke, halb Französin, halb Asiatin, erzählt mit rauchiger Stimme von alten Zeiten, von Opiumhöhlen, von Typen, die Missionare waren und Schwarzmarktschieber, Dealer und Spione, manchmal alles in einer Person. Die Stoffservietten auf den Tischen dieses Tropenbistros sind wie Lotusblüten gefaltet. Auf der handgeschriebenen Speisekarte steht Kürbiscremesuppe und Lamm auf Provenzalisch und ein Fischgericht, das Madame empfiehlt: Captain Mekong nennt sie es, zart gedünstet in Kapernsauce und mit Weißwein abgelöscht. Ich habe es bestellt und nicht bereut.

Später, beim dritten oder vierten Reisschnaps, drängte es zwei Stammgäste, mir ihr Leben auszubreiten: Emile, der pensionierte Spitzenbeamte aus dem Pariser Postministerium, der vierzig Jahre zuvor hier einige der ersten Telefonkabel verlegt hat. Und Robert, der Fremdenlegionär, der beim Kampf um Dien Bien Phu dabei war, 1954, als Frankreich dort sein Waterloo erlebte und mit dieser letzten Schlacht auch sein Kolonialreich in Indochina verloren hatte …

Es war zufällig auch in diesem schicksalsträchtigen Wendejahr, kurz bevor Dien Bien Phu fiel, als Graham Greene nach Vientiane reiste. Begeistert war er nicht, er fand die Stadt nicht einmal gemütlich – so wirkt sie heute –, sondern schlicht langweilig: »… zwei Straßen, ein europäisches Restaurant, ein Club für die Kolonialherren und der übliche schmuddelige Markt.« Mehr habe der Ort nicht zu bieten, fand zumindest Graham Greene zu seiner

Zeit, Vientiane sei halt »ein Jahrhundert von Saigon entfernt«, das damals und noch ein paar Jahre länger als das Paris des Ostens galt.

»Der Fluss meines Lebens«

Begegnung mit dem Mekong-Reeder Hans Engberding

Ein Wessi, der durch Glasnost und Gorbi angeregt wird, Russischkurse auf der Transsibirischen Eisenbahn anzubieten, der längsten Zugreise der Welt. Ein Lehrer aus Leidenschaft, der irgendwann den Beamtenhut an den Nagel hängt, nach Laos fliegt und dort Schiffe auf dem Mekong in Betrieb setzt. Ein Unternehmer, der so gut wie nie in seiner Berliner Firmenzentrale am Schreibtisch sitzt, sondern lieber zwischen dem Goldenen Dreieck und Kambodscha pendelt, »auf dem Fluss meines Lebens«. Das alles, in einer Person, ist Hans Engberding, Chef des auf Bahn- und Flussreisen spezialisierten Berliner Veranstalters Lernidee Erlebnisreisen.

Wir sitzen neben dem kleinen Kommandostand auf der »Mekong Sun«, dem einzigen Platz, wo geraucht werden darf auf diesem kleinen, feinen Teakholzschiffchen, das nur vierzehn Kabinen hat. Es ist noch früh am Morgen, irgendwo im Norden von Laos. Der Nebel über dem Fluss hat sich noch nicht gelichtet, also kann Kapitän Khampet auch noch nicht losfahren. Die »Mekong Sun« hat kein Radar, kein Echolot, überhaupt keine moderne Elektronik. So was lehnt Khampet, der auf einem Flusskahn geboren wurde, strikt ab. Hans Engberding, der Eigner, wollte ihm diese Technik schon oft einbauen lassen: »Aber dann droht der Kapitän jedes Mal mit seiner Kündigung. Er verlässt sich lieber auf seine Erfahrung.«

Womit fing das Mekong-Engagement für den Mann aus Recklinghausen, der so gar nicht wie ein Abenteurer und auch nicht wie ein wagemutiger Entrepreneur aussieht – beides ist er aber –, eigentlich an? War das schon 1970, als er, gerade mal achtzehn geworden, mit dem Rucksack in Asien unterwegs war und sich besonders vom damals noch sehr geheimnisvollen Land Laos und seinem großen Strom angezogen fühlte? Oder war es letztlich doch erst 2005, als er auf die Idee kam, ein Schiff auf diesem Fluss zu betreiben, für Touristen aus dem Westen, die zwar komfortabel, aber doch authentisch reisen, Land und Leuten so nahe wie möglich kommen wollen?

Inzwischen sind drei Schiffe unter seiner Regie auf dem Mekong im Einsatz. Und bei allen dreien hat der einstige Studienrat für Erdkunde und Russisch reichlich Lehrgeld zahlen müssen: »Speziell meine Ungeduld hat mir oft genug im Wege gestanden. Ich habe mindestens dreimal aufgeben wollen, wenn nicht gleich alles klappen wollte.«

Längst hat die Sonne die Nebelschwaden vertrieben. Kapitän Khampet steuert das Boot konzentriert durch die vielen Felsen und Untiefen. Nicht einmal eine See- oder Flusskarte braucht er dazu, sie wäre ohnehin binnen weniger Tagen überholt. Engberding schaut in Gedanken über den Horizont hinaus und über die Berge nach Westen, wo er neue

Pläne wachsen sieht: »In Myanmar tut sich gerade so viel, da juckt es mich, mitzumachen.«

Der Reeder ist im Zeichen des Stiers geboren, ein bodenständiger Westfale, den es dennoch immer wieder in exotische Welten zieht. Jetzt aber begrüßt er erst einmal die Gäste an Deck und fragt, was er und seine Leute besser machen könnten. Auch Kleinigkeiten nimmt er ernst: Die Butterpäckchen, so hört er, kommen aus dem Kühlschrank direkt auf den Frühstückstisch – viel zu hart zum Schmieren. Am nächsten Morgen ist das Problem behoben, die Butter etwas früher aus dem Eis geholt und somit streichfähig zur richtigen Zeit.

Wo der Mekong rabiat wird

Sechste Etappe: Im Süden von Laos

Es ist noch lange nicht Mittag, und doch steht die Sonne schon geraume Zeit im Zenit. Erbarmungslos brennt sie aus einem Himmel, dessen Wolkenberge von Zeit zu Zeit heftige Gewitter produzieren. Es regnet dann kurz und prasselnd auf einen Boden, der bis in die Tiefe so ausgetrocknet ist, dass er auch vom tropischen Starkregen nicht wirklich nass wird.

Wir lassen uns nach Süden treiben, der heißesten Zone des Landes entgegen. Vier Tage sind wir mit der »Mekong Explorer« unterwegs zu den »4000 Inseln«, einer natürlichen Barriere aus Felsen und Wasserfällen, die über die ganze Breite des Flusses Laos von Kambodscha trennt. Mit dem Schiff ist diese Grenze nicht zu überwinden. Eine gute Gelegenheit, bei Landgängen und Abstechern mit kleinen Booten in die spektakulären Wasserwelten vorzudringen.

Gestern sind wir in Pakse, der Metropole des tiefen Südens, an Bord gegangen. Schläfrig und provinziell wirkt diese Stadt auf den ersten Blick, aber ihre Einwohnerzahl wächst rasant, hat sich seit der Jahrtausendwende verdoppelt und inzwischen die Hunderttausender-Marke überschritten. Die Stadt liegt günstig für den aufstrebenden Handel und Transport, die Nachbarländer Kambodscha, Thailand und Vietnam sind nahe. Pakse entwickelt sich zu einem Drehkreuz in diesem Verländereck. Die Chinesen finanzieren, wie vielerorts in Laos, den Ausbau der Infrastruktur auch hier im heißen Herzen der Mekongregion, lassen Schneisen in den Urwald schlagen, sichern sich Einfluss und geostrategische Stützpunkte zwischen dem Golf von Tongking im Osten und dem Golf von Siam im Westen.

Eine halbe Tagesreise flussabwärts macht die »Mekong Explorer« in Champasak fest, Ausgangsort für eines der großen Wunder im westlichen Hinterland des Flusses: Wat Phou, Weltkulturerbe, ist der eindrucksvollste Tempelkomplex im Süden von Laos. Lange vor Angkor Wat, im 6. und 7. Jahrhundert, haben Khmer-Könige an dieser markanten Stelle, die wohl schon zuvor als Kultplatz genutzt wurde, eine Tempelstadt errichtet. Die Ruinen der Khmer-Stadt und die Relikte noch früherer Zeiten sind bis heute ein Magnet für Pilger aus ganz Laos.

Nur sehr wenige Touristen verschlägt es in diese Einsamkeit, aus der der Berg Phou Pasak ragt. In fast tausendfünfhundert Metern Höhe ist er gekrönt von einer Felsnadel, die wie ein Phallus in den Himmel sticht. Kulturhistoriker leiten die Vorgeschichte der Tempelstadt aus diesem Symbol ab, *Lingam* genannt. Bis heute steht es im Hinduismus für Shiva, den Gott der Zerstörung, Erhaltung und Schöpfung. Den Vorgängern der Khmer, das Volk der Cham, für das Shiva der Höchste war, muss dieser Fels wie eine Aufforderung von oben vorgekommen sein, hier eine Kultstätte zu bauen, etwa fünfhundert Jahre nach Christi Geburt und mindestens vierhundert Jahre bevor Angkor entstand.

Eine verwitterte Steinfigur am Fuß der Treppe, ausgestattet mit grellrotem Umhang und gelbem Sonnenschirm, bewacht den Aufgang zu den Heiligtümern am Berg. Weiter oben schauen Buddhastatuen aus Tempelruinen, die einst dem Shiva geweiht waren. Noch immer sind viele Hindugötter, Brahma, Vishnu, auch in seiner Manifestation als Krishna, in Felsreliefs und Türstürzen zu erkennen. Es ist ein beschwerlicher Weg über viele Stufen und Felsbrocken, ohne ausreichend Wasser und Pausen im Schatten einiger krüppeliger Bäume kaum zu bewältigen. Aber jedes Lächeln der Pilger vor den uralten Andachtsstätten, jede freundliche Geste der mit Kind, Kegel und reichlich Proviant ausgerüsteten Einheimischen, jede »Entdeckung« eines steinernen Elefantenkopfs im Gebüsch, jeder blühende Frangipanibaum, entschädigen für die Mühsal des Aufstiegs.

Weiter südwärts geht die Fahrt, dem Labyrinth der viertausend Inseln entgegen. Noch gibt sich der breite Strom so unaufgeregt wie die Szenerie an seinen Ufern: Gemüsebauern, den üblichen konischen Hut der Region auf dem Kopf, arbeiten auf den Feldern, denen der Mekong das Wasser spendet. Mais, Reis, Erdnüsse, Bananen gedeihen hier, beschattet mancherorts von Kokospalmen, Teak- und riesigen Kapokbäumen. Manchmal leuchtet eine goldene Pagode aus dem Flaschengrün der Tropen. Mönche waschen ihre Roben im Fluss, Kinder baden und winken.

Wechsel vom Kabinenkreuzer in eine Art bestuhltes Langboot. Fast drei Stunden lang tuckern wir den Inseln entgegen. Die Passagiere dösen auf den schmalen Sitzen vor sich hin. Für kurze Zeit sorgt aber der einheimische Reiseleiter für erhöhte Aufmerksamkeit. Auf früheren Reisen, so erzählt er, habe er auf diesem Abschnitt schon häufiger Delfine gesehen: Sogenannte Irrawaddy-Flussdelfine, kleiner und viel scheuer als die Hochseedelfine. Auf laotischer Seite soll es nur ein Dutzend in der Nähe der Insel Don Khon geben, in Kambodscha angeblich an die hundert. Wir haben kein Glück, es zeigt sich keines der von den Laoten verehrten Tiere.

Landgang auf Don Khon. Erinnerungsfoto im Dorf Ban Khon, vor einer Lokomotive, die vor über achtzig Jahren zwischen Don Khon und Don Det gependelt ist. Diese größten Inseln im Viertausender-Archipel sind noch immer durch die eiserne Brücke verbunden, die 1927 von den Franzosen gebaut wurde. Träume von einem Schienenweg aus ihrem Laos bis hoch nach China waren damals schnell geplatzt, der Widerstand der Einheimischen und erst recht der Natur war größer als die Visionen der Kolonialbeamten. Ihnen gelang an dieser Stelle der Vorstoß ins Reich der Mitte so wenig wie ein paar Hundert Kilometer weiter nordwestlich den Briten, die es über den Irrawaddy versuchten.

Auf einem Klippenweg nähern wir uns den Sompanith-Stromschnellen, einer breiten, etwa acht Meter hohen Felsbarriere, über die der Mekong schäumt und tobt, als wollte er beweisen, dass er auch anders als nur träge fließen kann. Noch ein paar Kilometer weiter nach Süden, schon jenseits der viertausend Inseln, und der Fluss stürzt sich noch viel aufregender in die Tiefe, bis zu achtzehn Meter. Khon Phapheng nennen die Laoten Asiens imposantesten Wasserfall, sinngemäß heißt es »Getöse des Mekong«. Mit zehn Kilometern gilt er als der breiteste der Welt. Was für ein Naturschauspiel, was für eine grandiose Abschiedsvorstellung nach dem langen Lauf durch Laos.

Sam Bo und die neue Zeit

Siebte Etappe: Phnom Penh, Hauptstadt von Kambodscha

Die blaue Stunde war bis vor Kurzem das Signal zum Aufbruch für Sam Bo. Die Kinder von Phnom Penh und die Gäste auf der international besetzten Tribüne am Sisowath Quay warteten bereits auf ihn. Dreißig Jahre lang trottete er jeden Nachmittag kurz vor Sonnenuntergang den Boulevard am Fluss entlang. Nun ist die Zeit abgelaufen für Kambodschas beliebtesten Elefanten, Sam Bo ist in Rente gegangen. Ein bisschen heilig ist er allerdings immer noch, eine Art Würdenträger des Tempels Wat Phnom, über den noch zu berichten sein wird, und ein Symbol für das Gestern, für den Wandel dieser Metropole, hin zu einem neuen, an manchen Orten schier atemberaubenden Tempo, zu dem Sam Bo nicht mehr passt.

Die Hauptstadt des Königreichs Kambodscha drängt in die Liga der unaufhörlich wachsenden Metropolen aus der Nachbarschaft. Bangkok, Saigon, neuerdings auch Colombo und Yangon, sind die Vorbilder. Und wie dort glitzern auch in Phnom Penh die Pagoden und Paläste der Vergangenheit mit den neonstrahlenden Ikonen der Gegenwart um die Wette: Shoppingmalls, Boutiquen, Bürotürme. Für Elefanten, die den ohnehin chaotischen

Verkehr noch mehr durcheinanderbringen, ist kein Platz mehr in der City.

Exotik und goldener Glanz aus dem asiatischen Bilderbuch der touristischen Träume stoßen überall in Phnom Penh an die austauschbaren Bilder moderner Megastädte: Rushhour fast rund um die Uhr, klimatisierte Einkaufszentren, Hochhäuser, die binnen weniger Monate die Silhouette immer wieder aufs Neue und so gut wie nie zum Schöneren verändern, Bars, die heute in und morgen out sind, Restaurants mit Köchen aus aller Welt, eine Jeunesse dorée, die ihre SUVs vor den angesagten Clubs parken, dem Saint Tropez zum Beispiel oder dem Equinox.

Phnom Penh galt bis in die sechziger Jahre hinein als eine Perle des alten Indochinas: très française, mit breiten Boulevards, mit Cafés, Theatern und Villen im Stil des Art déco – und zugleich sehr asiatisch, etwas geheimnisvoll, zu gleichen Teilen von Khmer, Chinesen und Vietnamesen bewohnt. Die Europäer und die einheimische Oberschicht, die einen westlichen Stil pflegte, trafen sich auf einen Pastis im Bistro, gern mit Blick auf den trägen Mekong, der hier etwas über die Hälfte jener fünfhundert Kilometer zurückgelegt hat, die er durch Kambodscha fließt.

Als im April 1975 der Terror der Roten Khmer begann, drängten sich mehr als zwei Millionen Menschen in Phnom Penh; die meisten waren von ihren verwüsteten Feldern in die Stadt geflüchtet, erst vor den Wirren des zweiten Indochinakriegs, dann vor den Kämpfen zwischen den Truppen des Generals Lon Nol und denen von Pol Pot, dem Chef der Roten Khmer. Aber schon kurz nach dessen Sieg waren nur noch zwanzigtausend übrig geblieben in der Stadt, die keine mehr sein durfte. Das Geld und jeglicher Handel wurden abgeschafft, alle Märkte sofort geschlossen, Bücher verbrannt, Menschen, die dem Bruder Nr. 1 zu »intellektuell« für seine wirren Ideen erschienen, gefoltert, ermordet, allen voran Studenten, Lehrer, Angestellte, Beamte, irgendwann fast alle, die eine Brille trugen. Hunderttausende wurden binnen weniger Tage in dunkler Einheitskleidung aufs Land vertrieben, wo sie massenhaft verhungerten oder mit dem Spaten erschlagen wurden, um Kugeln zu sparen.

Zwar sind noch überall im Land Spuren dieser Zeit zu sehen, aber nur noch jeder dritte Kambodschaner hat sie miterlebt. Wie in Vietnam, wie in Sri Lanka ist die blutige Vergangenheit für die junge Generation Geschichte, man will »normal« und in der Gegenwart leben, nicht zurückbleiben im Rausch des neuen Tempos. Kambodscha, so sagen die Jungen, ist kein »zerrissenes Land« mehr, schon gar kein »Reich der Finsternis«. Das war alles schlimm, grauenvoll, aber es war gestern oder vorgestern oder »damals«. Die Gedenkstätten auf den Killing Fields überlässt man den Alten und den Fremden. Phnom Penh hat wieder über zwei Millionen Einwohner, es ist eine dynamische Stadt voller Kultur und Abwechslung, auch für Touristen allemal mehr als nur das Sprungbrett nach Siem Reap und Angkor Wat.

Ihre Geschichte beginnt vor gut sechshundertfünfzig Jahren dort, wo Sam Bo und einige andere Elefanten heute ihr Gnadenbrot genießen: am Kloster Wat Phnom Daun Penh, auf einem Hügel, der zwar nur dreißig Meter hoch ist, aber aus der brettflachen Stadt nicht nur optisch herausragt. Dieses Heiligtum ist der Mittelpunkt der buddhistischen Gläubigen von Phnom Penh. Es ist vor allem bei den einfachen Menschen sehr beliebt und zu allen Tageszeiten entsprechend belebt, an den meisten Wochenenden allerdings so voll, dass man besser den frühen Vormittag eines Arbeitstags für den Besuch einplanen sollte.

Natürlich steht eine Legende am Anfang der Pagode, die zur Keimzelle der Stadt werden sollte. Eine feine alte Dame namens Daun Penh, so geht die Geschichte, die einen historisch belegten Kern hat, spazierte eines schönen Tages im Jahre 1372 am Ufer des Mekong entlang. Sie wollte sich auf einem hohlen Baumstamm ausruhen und entdeckte dabei im Innern des Holzes fünf Buddhastatuen, vier aus Gold und eine aus Stein. Für Großmutter Penh, wie die Übersetzung von Daun Penh heißt, waren diese Figuren Zeichen genug, eine Stupa zu stiften, ein Heiligtum zu Ehren des Erleuchteten, das im Laufe der Zeit oft erneuert, an- und umgebaut wurde.

Noch immer wird in einem kleinen Schrein hinter dem Kloster die sagenhafte Großmutter in Form einer Figur verehrt, die meistens in eine gelbe Robe gehüllt ist. An ihr vorbei streben die braven Pilger zu den Wahrsagern und selbst ernannten weisen Männern, um das Glück auf ganz unterschiedliche Weise herauszufordern, zu werben für Erfolg in der

Schule, im Job und in der Liebe oder sich um gutes Karma zu bemühen. Dafür lassen sie zum Beispiel Vögel aus dem Käfig frei (die wenig später wieder für neue Kundschaft eingefangen werden) oder sie legen, ohne hinzusehen, so lange Stäbchen in zukunftsträchtige Bücher, bis ihnen das Ergebnis passt.

Es ist ein buntes, frommes Treiben rund um die vielen Andachtsstätten, zu denen auch Pilgerstätten der Mahayana-Buddhisten gehören, Angehörigen der vietnamesischen oder chinesischen Minderheit. Und am Schrein der Preah Chao, einer daoistischen Göttin, die für Fruchtbarkeit und problemlose Geburten zuständig ist, legen junge Frauen aller Glaubensrichtungen Blumen und Früchte nieder. Die Grenzen zwischen den fernöstlichen Religionen sind am Wat Phnom so fließend wie fast überall in Südostasien. Auch Volks- und Ahnenglaube und eine Prise Hinduismus, zum Beispiel in der Figur des Vishnu, mischen sich am heiligen Hügel locker in den Theravada-Buddhismus, der alten Lehre aus Indien, die heute vorwiegend in Kambodscha, Laos, Thailand, Burma und Sri Lanka gepflegt wird.

Der Tempel der Großmutter gehört den Einheimischen, am Sisowath Quay dagegen, am Zusammenfluss von Mekong und Tonle Sap, treffen sich die Besucher aus aller Welt. Gleich mehrere Restaurants am Flanierboulevard mit seiner unvergleichlichen Atmosphäre zwischen hip und nostalgisch, zwischen Indochina und moderner Welt, genießen inzwischen Kultstatus in Südostasien. Ein paar Schritte nur entfernt von den Topattraktionen der Stadt, dem Königspalast, der Silberpagode und dem Nationalmuseum, nehmen am Vormittag Globetrotter, Pauschaltouristen und Expats in den etablierten Bistros und Cafés ihr spätes Frühstück ein.

Am Nachmittag, wenn eine angenehme Brise die Hitze erträglicher macht, bummelt diese Internationale der Müßiggänger zusammen mit der einheimischen Generation Smartphone, zuweilen bedrängt von Bettlern und Straßenhändlern, am Fluss entlang. Und am Abend, wenn die Garküchen auf dem Nachtmarkt öffnen und die Musikanten und Artisten ihre Instrumente und Geräte auspacken, steht die Entscheidung an, ob man sich eine Dinner-Kreuzfahrt auf dem Mekong gönnen oder in eines der alten und neuen In-Lokale wechseln soll: ins Bopha Phnom Penh, das meistens noch wie früher Titanic genannt wird, zu Giorgio ins Pop Café, wo Spaghetti und Pizza-Variationen auf den Tisch kommen, die jeden Italiener glücklich machen, ins Borane, das nach Meinung von Kennern der Khmer-Küche das beste Amok-Gericht der Stadt bietet – Fisch oder Hühnchen, jeweils in Kokosmilch mariniert und in Körbchen aus Bananenblättern serviert. Oder wie wäre es mit ein paar Crêpes und einem liebevoll gemixten Cocktail auf der Terrasse der Blitz Bar, genau da, wo der Tonle Sap in den Mekong fließt?

Wen immer es nach Jahren wieder mal nach P.P. verschlägt, wie die Metropole unter Insidern abgekürzt wird, führt die Sehnsucht meistens schon am ersten Tag in den Foreign Correspondents' Club

(FCC). Seit damals, vor und nach den Pol-Pot-Zeiten, als von hier die Asienjournalisten ihre Berichte in die Welt kabelten und die Bar ihr Zuhause war, gilt der ehemalige Club der Auslandskorrespondenten als *der* Treffpunkt. Das Ambiente in der alten Kolonialvilla am Sisowath Quay ist wunderbar, die Plätze auf dem Balkon mit Blick auf den Fluss des Lebens sind heiß begehrt, und das Publikum ist so bunt gemixt wie die Cocktails zur Happy Hour.

Längst sind die meisten Besucher T-Shirt-Touristen, Englisch hat die Sprache der ehemaligen Kolonialherren abgelöst. Nur manchmal trifft man noch einen alten Herrn, einen Kambodschaner, der in Paris studiert hat, aus alter Gewohnheit *Le Monde* liest und sich genießerisch über den letzten Jahrgang des Bordeaux äußert. Immer häufiger aber nutzen einheimische Medienleute und smarte Jungmanager aus der IT-Branche die Location für Pressekonferenzen und Präsentationen. Ein paar übrig gebliebene Stammgäste, Amerikaner, Briten, Australier, manchmal auch ein paar Deutsche, die in Südostasien gestrandet sind, aus welchen Gründen auch immer, trinken sich die alten Zeiten schön. Wenn es ihnen unten zu trubelig wird, ziehen sie sich auf die Dachterrasse zurück, genießen eine Pizza mit Entenscheiben und den Blick in den Hinterhof. Dort dösen die Mitglieder einer Großfamilie vor sich hin, schaukeln auf der Hängematte in den Abend hinein oder verbessern ihre Kondition beim Boxen gegen einen Punchingball.

Höchstens hundert Meter vom FCC entfernt, vom Sisowath Quay nur durch zwei Seitenstraßen getrennt, nähern sich andächtig und achtsam buddhistische Mönche und fromme Pilger der Ounalom-Pagode. Hübsch oder gar exotisch sieht dieses Heiligtum nicht unbedingt aus. Es ist ein Betonbau, in dem sich aber ein Haar aus einer Augenbraue des Buddha verbirgt … na gut: verbergen soll. Und eben diese Reliquie macht den Schrein zur bedeutendsten Tempelanlage Kambodschas. Seine Ursprünge gehen bis ins frühe 15. Jahrhundert zurück.

Vor der Pol-Pot-Zeit haben hier zwischen fünfhundert und siebenhundert Mönche gewohnt, zwei oder drei Dutzend sind es heute. Die früher so berühmte buddhistische Bibliothek, einst Pilgerort für Gelehrte aus aller Welt, wurde in den Jahren des Grauens verbrannt. Aber wie überall in Kambodscha gehört auch in der quirligen Hauptstadt der Buddhismus wieder zum Alltag. Die *Bhikkhus*, die »Bettelmönche«, wandern wie eh und je mit Schirm und Schale, einer nach dem anderen und immer die Alten vorn und die Novizen ganz am Schluss, durch die Straßen und lassen sich den Almosennapf mit Reis und Gemüse füllen.

Außer dem Wat Ounalom stammen noch vier weitere, ebenfalls hoch verehrte Pagoden aus der Zeit des Königs Ponhea Yat, der die Stadt im späten Mittelalter gegründet hat. Wesentlich jünger, aber auf märchenhafte Weise goldglitzernd und deshalb ein weitaus beliebteres Fotomotiv, ist die Silberpagode, 1892 als eine Art Mausoleum für die Königsfamilie angelegt. Wer das Wat Phra Kaeo in Bangkok kennt, wird ein Déjà-vu-Erlebnis haben.

So »neu« die Pagode auch ist, so sehr identifizieren sich die Menschen in Kambodscha mit ihr. Sie gilt ihnen als nationales Symbol, genau wie nebenan der Königspalast, in den 1993 Norodom Sihanouk zum zweiten Mal als Monarch eingezogen war und er nach seinem Tod im Oktober 2012 aufgebahrt wurde.

Die Straßen rund um den Palast, die Silberpagode und das Nationalmuseum, den meistbesuchten Sehenswürdigkeiten, sind schachbrettartig angelegt, ähnlich wie viele amerikanische und französische Städte. Das ehemals feine französische Viertel in der Nähe des Wat Prohm findet nur langsam zu altem Glanz zurück. Nostalgiker werden dort ihre Briefe im Postamt aus der Kolonialzeit frankieren und aufgeben wollen; es wurde kurz nach der Jahrtausendwende liebevoll restauriert, und die Schalter sehen wieder aus wie damals, historische Fotos an der Wand belegen das. Wer das Relikt allerdings stilecht mit einer Fahrradrikscha ansteuern möchte, muss sich beeilen. Wie in den meisten anderen Großstädten Südostasiens werden diese Gefährte, in Kambodscha »Cyclopousse« genannt, auch in Phnom Penh an den Rand gedrängt und womöglich schon bald aus dem Zentrum verbannt.

Die Tausenden Angehörigen der Hilfs- und Entwicklungsorganisationen, die fast alle untereinander im Wettbewerb stehen, prägen mit ihren dicken Autos und einem Lebensstil, der nicht unbedingt zu ihrem Auftrag passen will, noch immer vielerorts das Straßenbild von Phnom Penh. Langsam aber reserviert ein neuer, einheimischer Mittelstand die guten Plätze in den feinen Restaurants und zieht in die Wohnungen mit Mekongblick, deren Preise Monat um Monat steigen.

Es ist chic geworden, nicht mehr auf dem Markt, sondern in Boutiquen einzukaufen oder in einer der brandneuen Shoppingmalls. Und doch ist der alte Charme nicht verschwunden, die Kontraste sind nur härter geworden. Hier der Trödel auf dem Psah Toul Tom Pong, dem alten Russenmarkt, einst Basar für Schmuggelware zwischen Ost und West, dort das klimatisierte Einkaufszentrum mit Rolltreppen und einem international austauschbaren Angebot. Aber der Psah Chah, der Alte Markt, ist eine gute Quelle für Seide und Sarongs geblieben, auch für asiatischen Schnickschnack und manches Schnäppchen.

Wer sich wenigstens für ein paar Stunden dem Indochina der Legenden hingeben mag, wie es konserviert ist in Büchern von Marguerite Duras, in Bildbänden voller Sepia-Melancholie oder in Filmen mit Catherine Deneuve, muss sich am letzten Abend in die Elephant Bar setzen, schönster Teil des Hotels Le Royal aus dem Jahre 1929. Die Kolonialherberge gehört heute zur renommierten Raffles-Gruppe aus Singapur, deren Häuser in aller Welt Nostalgie mit Stil und einem Hauch sensibler Dekadenz bieten.

Empfehlung für den Abschiedsdrink, serviert in Gläsern und auf Sets, deren Illustrationen an Sam Bo, den Elefanten vergangener Tage, erinnern: Femme Fatale heißt der Cocktail, der einst zu Ehren von Jacqueline Kennedy kreiert wurde und viel später, als man ihr altes Glas wieder in einem Schrank fand, angeblich noch mit Lippenstift am Rand, zur Signatur dieser Bar ausgerufen wurde: Roter Champagner, Wilderdbeeren und ein Spritzer edlen Cognacs. Gut möglich, dass dazu im Hintergrund sanfte Jazzmusik läuft, zum Beispiel »The evening I met you«, komponiert von Norodom Sihanouk, der damals ein Prinz und noch kein König war.

Die Nymphen lächeln wieder

Achte Etappe: Weltwunder Angkor Wat

Sollen wir mit Jayavarman II. beginnen, der im 9. Jahrhundert Angkor gründete, die Hauptstadt eines geheimnisvollen Reiches im fernen Asien? Aber war nicht König Suryavarman II., dreihundert Jahre später, als Erbauer von Angkor Wat, dem größten Tempel allerorten und aller Zeiten, viel bedeutsamer? Oder muss der französische Orchideensammler Henri Mouhot am Anfang dieser Geschichte vom Atlantis im Urwald stehen? Er war es, der um 1860 diese schier unglaublichen Zeugnisse einer versunkenen Hochkultur wiederentdeckte. Seine Berichte von gigantischen Steinköpfen, von einer heiligen Ruinenstadt, überwuchert von Luftwurzeln und einer dichten Blätterdecke, ließen Europa aufhorchen und schon bald die ganze Welt staunen.

Am besten, wir fangen in der Gegenwart an, mit dem Kölner Wissenschaftler Hans Leisen. Seit 1997 versucht dieser Geologieprofessor, zusammen mit deutschen und einheimischen Helfern, die Steine von Angkor Wat wieder leuchten zu lassen. Es ist sein Lebenswerk geworden, den Apsaras, den göttlichen Nymphen auf den Tempelreliefs, ihr unvergleichliches Lächeln zurückzugeben. Mit Hochtechnologie und ausgefeilten Methoden zur Verfüllung bekämpft sein Team – es nennt sich GACP:

German Apsara Conservation Project – den Verfall des Sandsteins, aus dem die Tempeltürme und die meisten Friese vor fast neunhundert Jahren erbaut wurden. Unzählige Tropenregen, hohe Luftfeuchtigkeit, Salze, Fledermausexkremente und andere Umweltbelastungen haben die meisten Figurengruppen porös werden lassen.

Die Experten spritzen Gels in die Bruchstellen und feinste Mörtelmischungen, die der Farbe jeder einzelnen Figur angepasst sind. Sie messen die Temperatur des Materials, klopfen behutsam die Reliefs ab – und finden dabei immer neue Hohlräume, die sich im Stein wie Krebszellen ausbreiten. Sogar mit Ultraschall suchen die Konservatoren nach verborgenen Schäden, manchmal müssen sie aber zunächst provisorische Gipsbügel und Stützkorsetts anlegen. Es ist detektivische Tüftelei, eine Arbeit, die Geduld und Fingerspitzengefühl erfordert.

Ein Sonntagmorgen im April. Es ist die Zeit zwischen der langen Trockenperiode im Winter und den Monaten extremer Feuchtigkeit im späten Sommer. Der Professor steuert seine Honda Dream im Slalom um die Wasserlachen zwischen der Hotelstadt Siem Reap und dem großen Tempel von Angkor. In der Nacht hat es heftig geschüttet: Vorspiel zum Monsun, auch wenn der frühestens in drei Monaten einsetzt. Die büscheligen Fächer der Zuckerpalmen glitzern, und die Luft fiebert tropenschwer.

Hans Leisen liebt solche Tage. Der Himmel und das Land, so sagt er, grenzen sich schärfer voneinander ab als in der Trockenzeit. Die Bilder dieses Morgens sind von klarer, archaischer Schönheit. Auch die ersten Touristenbusse des Tages stören den Frieden nicht. Sie rutschen auf dem Wege zum Weltwunder geschmeidig an den vielen hochrädrigen Ochsenkarren vorbei, die sich durch die aufgeweichte Erde quälen. Die Menschen auf den Karren schauen den Fremden gleichmütig hinterher. Eine lange Kette orangefarben gekleideter Mönche schreitet stumm und achtsam einem Dorf entgegen. Vielleicht sind sie auf dem Weg nach Angkor Wat, um zwischen den alten Steinen und Statuen zu meditieren.

Der Professor bremst sein Motorrad ab. Vor uns, so sieht es aus, schweben die Türme von Angkor Wat über flaschengrünem Dickicht, eine wuchtige Steinmasse, die in dieser frühen und sehr weißen Sonne unwirklich leicht wirkt, »elegant«, wie Hans Leisen es nennt. Für ein paar Stunden spiegeln sich jetzt in einem Graben die fünf markanten Türme, deren mittlerer, mit fünfundsechzig Metern Höhe der größte, den Weltenberg Meru darstellt – in der indischen Kosmologie die Achse, die alles zusammenhält, überdies die Wohnung der Götter. Über dem brackigen Wasser mit dem Gegenbild des gewaltigsten Tempels dieser Erde tanzen Libellen, so groß und so bunt, als wollten sie sich den Dimensionen und der Schönheit von Angkor Wat anpassen.

Auch der Graben galt den Gottkönigen und den Gläubigen im antiken Khmer-Reich als heiliges Symbol. Er war für sie der Milchozean, aus dem jegliches Leben stammt. Alles an dieser Kultstätte und in den Tempeln im Umkreis von über dreihundert Quadratkilometern galt als Gotteswerk, der Sage nach in nur einer Nacht erbaut. Man mag solche Märchen nur zu gern glauben beim Anblick von Angkor Wat, will vielleicht gar nicht hören, dass es vierzig Jahre gedauert haben soll, bis die Götter in diesen größten Tempel im Urwald von Kambodscha einziehen konnten, zunächst die himmlischen Hinduherrscher Brahma, Vishnu und Shiva, später, zu Beginn des 13. Jahrhunderts, Buddha, dessen Lehre von der Überwindung des Leids bis heute hier zelebriert wird.

Wir setzen uns unter einen ausladenden Banyanbaum, Kinder und eine Horde Affen leisten uns Gesellschaft. Der Professor lässt sechzehn Jahre Konservierungarbeit vor Ort Revue passieren: »Wir haben ein schlagkräftiges Team ausgebildet, das die vielen Reliefs am Angkor Wat kontinuierlich bearbeitet, allein an die achthundert Apsaras und etwa hundertfünfzig Giebelreliefs.« Dazu wurden an vielen anderen Tempeln Konservierungen durchgeführt, etwa im Sambor Prei Kuk, einem Hindutempel, dreihundert Jahre älter als der von Angkor, oder in Koh Ker im Norden Kambodschas, achtzig Kilometer von Angkor entfernt. Überdies hat das deutsch-kambodschanische Team den Stuck an den heiligen Stätten von Preah Ko, Bakong und Lolei, die zur Roluos-Gruppe gehören, gesichert.

Aus einem anfangs kleinen Infostand neben dem Haupttempel von Angkor Wat ist ein viel besuchtes, nahezu professionell gestaltetes Besucherzentrum geworden. Auch Reisegruppen sind willkommen und werden, oft spontan und größtenteils unentgeltlich, herumgeführt. Hans Leisen ist diese Aufklärung wichtig, immerhin werden die Arbeiten vom Auswärtigen Amt, der Fachhochschule Köln und einem Fördererverein, also größtenteils aus deutschen Steuergeldern, finanziert.

Im Gästebuch des Infocenters nennen die Besucher den Rettungseinsatz »aller Ehren wert«, »grandios, großartig und gigantisch«. Ein Münchner findet, dass »diese Gelder ... gut angelegt« seien. Aber sie reichen nicht aus. Ohne Sponsoren könnten die göttlichen Nymphen wohl kaum in so großer Zahl zu neuem Liebreiz erweckt werden: Mal ein gespendeter Lieferwagen, mal geschenktes Füllmaterial, gestiftete Filme für die wissenschaftliche Dokumentation oder Geldspenden helfen den Experten.

Es wird heiß und heißer. Während sich die meisten Besuchergruppen zum Mittagessen in die klimatisierten Hotels von Siem Reap zurückgezogen haben, klettern wir die steilen Stufen zu einer der Galerien hoch, die die verschiedenen Ebenen des Tempels umlaufen. Hans Leisen streicht mit den Fingern über die Reliefs. Er »liest« in den Steinen. Die Friesbilder berichten von mythischen Kämpfen zwischen Dämonen und Göttern, von Liebe und Leid in den altindischen Epen »Ramayana« und »Mahabharata«, vom Alltäglichen in Krieg und Frieden.

In dunklen Nischen und zwischen Säulen, die aussehen, als wären sie aus weichem Holz gedrechselt, knien Mönche, versunken im Gebet. Kinder und Alte, ganze Familienverbände, legen Blumen und Früchte vor einem sogenannten *Lingam*, einem Potenzsymbol, nieder. Es sind fromme Theravada-Buddhisten, Anhänger der alten und reinen Lehre, die hier oben dem Hindugott Shiva huldigen. Die Wände an vielen Stellen geschwärzt vom Ruß der Fackeln und Kerzen, mit denen die Gläubigen die Götter aus dem alten Indien und, nur ein paar Schritte entfernt, genauso inbrünstig die Statuen des Erleuchteten in der Halle der tausend Buddhas anbeten.

Nie haben die Menschen aus dieser Region aufgehört, hier ihre Götter und später auch den Buddha um Regen anzuflehen, um gute Ernten zu bitten und, durch jegliche Wirren der Jahrhunderte, immer wieder um Frieden. Wie man heute weiß, war von allen Tempeln des antiken Khmer-Reiches nur der große Angkor Wat als Kultstätte in steter Benutzung. Hier lebt das spirituelle Erbe weiter, hier haben sich Geist und Seele der versunkenen Hochkultur auf geradezu wundersame Weise erhalten.

Genauso, für die Ewigkeit, hatten es die Herrscher einst geplant, als sie einige Hunderttausend Menschen vier Jahrzehnte lang, Tag für Tag, sogar Nacht für Nacht, Steine von weit her schleppen, mehr als für die Cheopspyramide notwendig gewesen waren, und sie hier schließlich die schönsten Figuren daraus schnitzen ließen. Die Tänzerinnen, vielleicht das augenfälligste Beispiel für die Detailfreude der alten Meister, ihre Frisuren, ihre

Augen, die vollen Lippen, wirken wie mit dem Pinsel gezeichnet, nicht wie mit dem Meißel in den Stein modelliert.

Wie war es überhaupt zu dieser Leistung im Land zwischen dem großen Mekongstrom und dem Golf von Siam gekommen? Woher stammte der Reichtum der alten Khmer, worauf gründete sich ihre Anmaßung, tief im Urwald nicht nur die prachtvolle Hauptstadt ihres Reiches zu errichten, sondern in Angkor Wat auch den Berg Meru, also die Mitte des Universums, zu sehen? Wie kam es, dass Angkor zu einer Zeit, als etwa das Dorf Berlin in der märkischen Einöde das erste Mal urkundlich erwähnt wurde, vermutlich eine Million Einwohner hatte? Die geheimnisvolle Stadt im Urwald Hinterindiens war der ausgedehnteste Siedlungskomplex der vorindustriellen Welt.

Ein chinesischer Reisender und Chronist, Chou Ta-Kuan, staunte im 13. Jahrhundert über drei bis vier Reisernten im Land der Khmer – und in dieser Beobachtung liegt womöglich der Schlüssel zur Schatzkammer. Ohne ausgeklügelte Bewässerung wären so viele Ernten nicht möglich gewesen. Brunnen, Gräben, künstliche Seen, Speicher, ingeniös miteinander verbunden, aber längst verschüttet und verfallen, die meisten davon heute nur noch mit Infrarotkameras aus der Luft auszumachen: Dieses unglaublich raffinierte System hielt Fruchtbarkeit und Reichtum ein paar Hundert Jahre lang am Leben. Die Khmer, so wissen wir es von Chou Ta-Kuan, tauschten ihren Reis gegen Gold und Silber ein, auch gegen Seide, Papier und Porzellan.

Etwas über fünfhundert Jahre dauerte dieses goldene Zeitalter, straff geführt von vergötterten Königen, die abwechselnd den Hinduheiligen und dem Buddha – manchmal auch beiden gleichzeitig – die prunkvollsten Wohnsitze bauten. Aber nach einem Einfall der Thais aus dem Westen verlieren die Khmer plötzlich ihre Vormachtstellung in der Region. Das Reich fällt ins Dunkel der Geschichte zurück, verglüht wie ein Meteorit im Dschungel. Bis heute weiß niemand genau, warum es zu diesem totalen Niedergang kam. Nur die Reisbauern aus der Region um Angkor Wat hielten ihrem Weltenberg weiterhin die Treue. Alle anderen Tempel verschluckte bald der Urwald.

Für einen Tag nur fliegen manche Pauschaltouristen von Bangkok oder Saigon nach Siem Reap, ins Zentrum dieser Götterwelt aus Stein, die sich über eine ganze Provinz verteilt. Dabei reicht selbst eine Woche nicht, um wenigstens etwas Gelassenheit aus dem Zauber der heiligen Stätten mit nach Hause zu nehmen. Zum Beispiel vor den riesigen Köpfen im Bayon-Tempel von Angkor Thom, der einstigen Hauptstadt, in der vor tausend Jahren eine Million Menschen wohnten, heute vielleicht das spektakulärste aller Wunder im Urwald: Über zweihundert Gesichter, entrückt lächelnd, beseelt, sind hier die wichtigste Sehenswürdigkeit.

Viele von ihnen sind von den mächtigen Luftwurzeln der Würgefeigen umschlungen – erdrückt oder eher beschützt? Ohne den Wald, ohne die Wucht der Natur wäre das Menschenwerk aus dem Bayon wohl kaum von so magischer Kraft.

Auch deshalb verbringen manche Besucher, vor allem jene, die nicht dem Gruppenzwang unterliegen, hier mehr Zeit als in Angkor Wat. Besonders am frühen Morgen, wenn die ersten Sonnenstrahlen durch das dichte Laub der Kapokbäume fallen, lassen sich hier alle, die das Staunen noch nicht verlernt haben, vom Lächeln der Götter und Könige anrühren.

So überrascht wie fasziniert sind die meisten Besucher auch von den ganz alltäglichen Szenen auf den Friesen von damals. Denn genau diesem Leben, diesen Bildern sind sie auf dem Hinweg begegnet und sie werden sie auf dem Rückweg noch deutlicher wahrnehmen: Bauern, die mit geschulterten Hacken aufs Feld gehen, Fischer mit Netzen und Reusen, wie sie bis heute auf dem Tonle Sap benutzt werden, Einblicke in die Küchen, mit Schüsseln voller Reis, jedes Korn fein ausgearbeitet. Von diesen Details wie von der Tempelanlage als Ganzes war Henri Mouhot, der französische Forschungsreisende und Wiederentdecker Angkors um die Mitte des 19. Jahrhunderts, so begeistert, dass er sie über die Weltwunder der europäischen Antike stellte: »Angkor ist größer als alles, was uns von Griechen und Römern erhalten geblieben ist …«

Die Wanderung auf den Phnom Bakheng, in früheren Jahren eine Art Ritual am späten Nachmittag, versagen wir uns seit einigen Jahren. Zu voll ist der Weg geworden auf den einzigen Hügel, der aus der brettflachen Ebene von Angkor ragt, zu lärmend das Spektakel auf dem Gipfel. In den über sechzehn Jahren, die der Kölner Wissenschaftler hier arbeitet, hat sich Siem Reap von einem überschaubaren Städtchen in eine Hochburg des Tourismus verwandelt, ausgestattet mit einem internationalen Flughafen, zuweilen überlaufen von Gruppen aus aller Welt, zugebaut mit Hotels, Restaurants und Souvenirläden, aber andererseits, auch ein kleines Wunder, noch immer von gemächlicher Atmosphäre geprägt, mit ein paar netten Ausgehmöglichkeiten, die nicht annähernd mit dem teilweise exzessiven Nachtleben thailändischer Hotspots zu vergleichen sind.

In den neunziger Jahren, bei unseren ersten Besuchen in Kambodscha, waren wir uns noch wie Pioniere vorgekommen. Wir waren seinerzeit von Phnom Penh aus mit einer kleinen Turboprop-Maschine zuerst über den Urwald und dann fast eine Stunde am Tonle-Sap-See entlanggeflogen, hatten kein Zimmer gebucht. Das Internet und seine Bewertungsportale waren noch weit entfernt, es gab gerade mal eine Handvoll Hotels im Zentrum von Siem Reap, aber immerhin schon drei oder vier Bars und ein paar gemütliche Restaurants. Sie alle waren Treffpunkte der Globetrotter, wie man die Rucksackreisenden aus aller Welt seinerzeit nannte. Mit zerfledderten »Lonely Planets« hockten sie am Abend am Fluss und tauschten heiße Tipps für Phnom Penh, Battambang, Sihanoukville oder den Landweg nach Thailand aus.

Vorsichtig waren wir in den nächsten Tagen durchs Dickicht gestapft, zum Bayon und zum Baphuon, diesen überirdisch schönen Tempeln von Angkor Thom, immer darauf bedacht, ja nicht vom

Weg abzukommen. Der Wald zwischen den heiligen Stätten war noch fast flächendeckend vermint. Das grauenhafte Erbe der Roten Khmer und ihrer Killing Fields war überall präsent. Zu Dutzenden, wenn nicht zu Hunderten hockten Überlebende auf dem Weg zum Haupteingang von Angkor Wat, mit verstümmelten Gliedern, mit leerem Blick, in der nicht selten vergeblichen Hoffnung mit ein paar Münzen über den Tag zu kommen.

Zurück zum deutschen Apsara-Team. Die Experten und ihre Helfer packen ihre Geräte zusammen, Feierabend. Die Sonne versinkt wie überall in Äquatornähe innerhalb einer Viertelstunde im Flaschengrün des Urwalds. Kurz darauf kleidet Mondlicht den Tempel von Angkor mit einer Silberfolie aus. Über der boomenden Großstadt leuchtet der Himmel im Widerschein der vielen Lichter und Neonreklamen. In den Open-Air-Restaurants an der Pub Street wird jetzt für den Abend eingedeckt. Das GACP-Team freut sich aufs Essen im eigenen Gästehaus.

Es liegt am Steung Siem Reap, dem Fluss, der sich durch die Stadt schlängelt. Wie fast an jedem Abend hat sich auch heute wieder eine bunte Truppe auf der Veranda getroffen. Yet, die Köchin, füllt große Schalen mit Suppe, Reis und Gemüse. Und sie hat einen Fisch aus dem nahen Tonle-Sap-See zubereitet, der zu den fischreichsten Binnengewässern der Welt gehört. Eine Duftwolke aus diversen Gewürzen liegt über der Szene. Mo Raney, die Hausdame, die schon seit 1997 dazugehört und die alle den guten Geist des Teams nennen, muss noch mehr Stühle besorgen. Immer neue Gäste rücken an den langen Tisch.

Was wünscht sich der Professor für die Zukunft, für sein Lebenswerk, für die Erhaltung des Weltkulturerbes Angkor Wat? »Ich würde gerne erreichen, dass die kambodschanischen Behörden unser Team übernehmen, damit die Arbeiten langfristig sichergestellt werden.« Aber er ist auch pessimistisch: »Viele Bürokraten in der Hauptstadt stehen der Konservierung eher gleichgültig gegenüber. Sie schauen auf kurzfristige Projekte, wollen die einheimischen Spezialisten nicht angemessen bezahlen.« Immerhin haben der Kölner Professor und seine GACP-Truppe erreicht, dass wichtige und besonders schöne Reliefs nicht mehr einfach verschwinden oder »kaputt saniert« werden, wie es vor ihrem Einsatz allzu oft passiert ist. Die Apsaras, die himmlischen Nymphen von Angkor, lächeln wieder.

»Manche Tempel sind wahre Muntermacher«

Begegnung mit dem »Tuk-Tuk«-Fahrer Bun Lang

Wir sind mit Bun Lang auf dem Weg nach Banteay Srei, frühmorgens, bevor die Hitze uns auf die Plastiksitze klebt. Bun ist Taxifahrer, Vater von vier Töchtern und zwei Söhnen. Ihm gehört ein *Tuk-Tuk*, eine Motorradrikscha, die er für vierhundert Euro gebraucht gekauft hat. Es wird noch mindestens eine Saison dauern, bis er sie abbezahlt hat. Nicht immer kann er den Motor selber reparieren, und in den Monsunmonaten kann es passieren, dass er über Wochen keinen Passagier an den Tempeln oder auf dem Weg dorthin findet.

Wir haben Bun vor gut einer Woche in Siem Reap getroffen. Er spricht recht gut Englisch und hat sich als fröhlich, zuverlässig und kenntnisreich erwiesen. Also haben wir einen Pauschalpreis für mehrere Tage vereinbart, knattern mit ihm heute Tag nach Roluos, einer Tempelgruppe, die zu den frühesten der Angkor-Periode gehört, und morgen vielleicht nach Banteay Srei, für viele der schönste, ergreifendste Tempel der Region. Bun weiß: »Dort werden auch müde Besucher wieder munter.«

Manchmal aber gönnen wir uns Abstecher aufs Land, dem Tonle-Sap-See entgegen, noch immer eines der fischreichsten Gewässer Welt. In den Dörfern abseits der Straße freuen sich die Leute über etwas Abwechslung. Schüchtern, aber mit einladenden Gesten, zeigt uns eine junge Frau, wie sie mit einer großen hölzernen Mörserwippe Reis zu Brei stampft, ebenso simpel wie raffiniert. Die Nachbarin zieht aus dieser Masse Nudeln. Ein alter Mann bietet uns daumengroße, süße Bananen an, seine Frau bringt ein Tablett mit Wassermelonen, die kleiner sind als Tennisbälle. Der Mann hockt auf einem Wägelchen, das aus Brettern und Kinderwagenrädern gebastelt ist; er hat keine Beine. Die Frau lächelt aus nur einem Auge. Bun, der *Tuk-Tuk*-Fahrer, flüstert uns zwei Worte ins Ohr: »Pol Pot …«

Gestern erst waren wir in dem früheren Gymnasium, das von April 1975 bis Anfang 1979 dem Geheimdienst der Roten Khmer unter dem Decknamen S-21 als Folterstätte diente. Die Schule, heute als Tuol-Sleng-Völkermord-Museum auch von Touristen viel besucht, war nur eine von Hunderten ähnlicher Einrichtungen, in denen überall im Land gequält und gemordet wurde. Wie in Auschwitz, wie in Bergen-Belsen, macht ein Gang durch S-21 sprach- und hilflos. Wer nicht mit Brechreiz aufgibt, wer sich den Exponaten des Grauens aussetzt, schaut in die Gesichter der Geschundenen, die noch kurz vor ihrem Tod fotografiert wurden.

Das Regime der Steinzeitkommunisten um Pol Pot gilt längst als eines der furchtbarsten der jüngeren Weltgeschichte. Die drei Jahre, acht Monate und einundzwanzig Tage, die das kleine Land unter den Wahnvisionen des ehemaligen Lehrers gelitten hat und dabei, geschätzt, zwischen anderthalb und über zwei Millionen Menschen verlor, wirken bis heute nach. Auch fast vierzig Jahre nach dem Ende dieses Terrors gilt: Keine Familie in ganz Kambodscha, die nicht über Opfer im eigenen Umfeld berichten kann.

Bun war nicht mit ins Schulgebäude gekommen; den Anblick der Ketten in den Mini- und Massenzellen, der Daumenschrauben, der Recks, an denen die gefesselten Gefangenen hochgezogen und dann kopfüber in Wasserkrügen ertränkt, die Eisenstangen und Schaufeln, mit denen sie erschlagen wurden, mochte er nicht noch einmal sehen: »Beim letzten Mal habe ich kotzen müssen und konnte tagelang keine Touren fahren.« Vom Rote-Khmer-Tribunal, den sich seit Jahren hinziehenden Prozessen gegen Schergen, Chefideologen und andere Verantwortliche des Mörderregimes von damals, weiß er wenig. Er hat von Korruption und Kungelei gehört, er traut niemandem mehr von »denen da oben«, will in Ruhe leben und freut sich, dass immer mehr Touristen kommen und sein Geschäft beleben.

Bei Banteay Srei, unserem heutigen Tagesziel, dreißig Kilometer nördlich von Angkor Wat, verlief lange Zeit die Front. Im Dickicht hatten sich am Ende ihrer Herrschaft die versprengten Reste der Roten Khmer verschanzt. Sie fielen immer wieder marodierend in die Dörfer ein, bevor ausgerechnet vietnamesische Truppen, die Erzfeinde aus dem Osten, dem grausamen Spuk ein Ende machten. Noch bis zur Jahrtausendwende waren die meisten

Wege in dieses Juwel der alten Khmer-Architektur vermint. Es heißt, dass sie alle längst weggeräumt seien, aber bei Pinkelpausen, die drei, vier Schritte ins Grün führen, entdeckt man auch heute die zugewucherten Warnschilder mit dem Totenkopf, keiner weiß, ob sie nicht doch noch ihre Gültigkeit haben.

Vor dem Heiligtum, das vor tausend Jahren für Shiva errichtet wurde, drängen sich die Besucher. Atemlos vor Bewunderung staunen sie die filigran ziselierten Ornamente an, treten einander vor den göttlichen Kampfszenen an den Tortürmen, den *Gopurams*, gegenseitig auf die Füße und nutzen jede Lücke, die japanische Gruppen ihnen für ein schnelles Foto lassen. Auch an der Brücke, die nach Angkor Thom führt und von vierundfünfzig Göttern und vierundfünfzig Dämonen flankiert wird, herrscht oft Gedrängel, vor allem nach neun, wenn die Gruppen heranstürmen.

Bun Lang, unser *Tuk-Tuk*-Mann, bringt uns am Nachmittag in die gleißende Sonne zurück, in die bunte, laute Welt von Siem Reap. Wir sind müde vom Schauen und vom Stufenlaufen, verschwitzt von der Hitze, rot vom Staub der Pisten, über die wir gerattert sind, stundenlang. Und deshalb fallen wir in unsere Herberge wie der Wüstenwanderer in eine Oase.

Bun Lang hingegen wird kurz zu Hause vorbeischauen, gleich darauf aber eine Nachtschicht einlegen und vor den Bars und Restaurants auf Kunden spekulieren. Ein guter Platz für ihn, so erzählt er uns zum Abschied, sei ein englischer Billard-Pub, der neben der Laundry Bar, dem Warehouse oder dem Beatocello zu den Klassikern der Nachtszene gehört. Britischer Humor steht hinter dem Namen dieser Kneipe: »Angkor What?«

Im Hafen des kleinen Königs

Neunte Etappe: Sihanoukville und die Südküste

Kompong Som im Süden von Kambodscha: um 1920 nur ein verschlafenes Küstennest. Ein paar Fischer lebten dort, am Golf von Siam, friedlich vor sich hin. Das Meer zwischen den Inseln vor ihrer Haustür war fischreich (und ist es bis heute), im Hinterland schirmten Mangrovendickicht und dichter Urwald sie vom Weltgetriebe ab. Auch die großen Nachbarn, Thailand im Westen und Vietnam im Osten, mit denen es über Jahrhunderte hinweg immer wieder zu Streit und Krieg kam, waren weit genug entfernt, als dass sich die Leute in Kompong Som Sorgen machen mussten.

In den dreißiger Jahren, in der Kolonialzeit, entdeckten ein paar Franzosen das kleine Paradies am Rande ihres Herrschaftsbereichs. Sie bauten eine Straße und eine Bahnlinie von Phnom Penh an die Küste, wo eine frische Brise das feuchtheiße Tropenklima erträglicher machte, und errichteten dort einige Villen. Nach der Unabhängigkeit Kambodschas waren es wiederum Franzosen, die um 1960 das noble Hotel Independence (heute von einem hässlichen Kasten überragt) und drei, vier Restaurants mit Meerblick eröffneten. Eine kleine Riviera zwischen Kompong Som und Kep schwebte ihnen vor, ein Stück Côte d'Azur in Indochina.

Aber dann, mit der Ausweitung des Vietnamkriegs, nahm die Karriere des »französischen« Seebads in Indochina einen völlig anderen und über lange Zeit schrecklichen Verlauf. König Sihanouk (von ihm wird noch die Rede sein müssen), nach dem das Dorf inzwischen umbenannt worden war, hatte den Chinesen und dem Vietcong einen Zugriff auf den Hafen und seine Ölreservoirs erlaubt. Sihanoukville war zur Nachschubbasis der kommunistischen Untergrundkämpfer geworden. 1975, der Krieg war gerade mit dem Fall von Saigon zu Ende gegangen, brachten die Roten Khmer vor der Insel Koh Tang, einen Steinwurf von Sihanoukville entfernt, einen amerikanischen Frachter auf, die Amerikaner revanchierten sich mit Bomben auf den Hafen. Das Paradies war noch einmal zu einem Teil der Hölle geworden.

Geschichte, längst in die Archive versenkt. Nach Jahrzehnten des Stillstands brummt der Hafen wieder, die Touristen kommen seit Mitte der neunziger Jahre in immer größerer Zahl. Aber die Klientel ist eine andere als zu Kolonialzeiten. In Sihanoukville, dem alten Kompong Som der Franzosen, treffen sich jetzt Reisende aus aller Welt, vielfach sind es Backpacker, immer öfter aber auch Touristen mit Anspruch und Samsonite-Gepäck. Seit Ende 2011 erlaubt ein neuer Flughafen den Luftsprung von Phnom Penh und Siem Reap. Bald wird auch die Eisenbahn aus der Hauptstadt wieder an die Küste rollen; Australier sanieren derzeit das Schienennetz.

Die Müllabfuhr funktioniert, das Wasser ist

sauber und eine Promenade vermittelt neuerdings einen Hauch von Exklusivität. Man trifft sich in Strandbars und auf Dachterrassen, in Restaurants mit Köchen aus Italien und Frankreich, aus Bangkok und Bayern. Oder, wer es etwas schräger liebt, im Snakehouse, wo ein russischer Wirt zum Dinner bittet, en passant mit seinem Sohn eine Kobra aus der Schlangengrube »angelt« und ihr das Gift, Grundstoff des begehrten Gegengiftserums, abmelkt.

Wer länger nicht vor Ort war und sich verwundert die Augen reibt, kann sich immerhin an die Klassiker halten: Claude, der mit seinem Hotel und Restaurant auf dem Hügel über dem Independence Beach fast alle Höhen und Tiefen von Sihanoukville erlebt hat, ist noch da, auch die Corner Bar, eine sympathisch-verrückte Mischung aus Pub und Pizzeria auf dem Hügel der Wetterstation. Zum späten Frühstück oder zu einem Angkor Bier aus der lokalen Brauerei am frühen Abend trifft man sich wie eh und je in der Holy Cow im Zentrum.

Es ist noch nicht lange her, da suchten sich die wenigen Touristen am Strand spätestens am dritten Urlaubstag einen Fischer und fuhren mit ihm auf seinem schmalen Holzboot zu zwei, drei unbewohnten Inseln hinaus. Der Mann fing zwischendurch einen Fisch, mit Netz, Angel oder Harpune, legte einen Rost zwischen zwei Steine, machte ein Feuerchen, und fertig war der Imbiss. So etwas wird längst professionell organisiert, mit festen Abfahrtszeiten, eisgekühlten Getränken und einer Band an Bord.

Mit der neuen Zeit ist unübersehbar und unüberhörbar auch eine neue Atmosphäre eingezogen: eher Patong und Pattaya als Côte d'Azur, mit »Attraktionen«, die nerven können: zum Beispiel Jetskipiloten und laute »Bananen« auf dem Wasser, Verkäufer ohne Ende am Strand und anderswo an Land, Nepper, Schlepper und Bauernfänger, Massage- und tausendundein andere Angebote auf Schritt und Tritt, vor allem am Hully-Gully-Strand von Ochheuteal. Abends dröhnt Karaoke aus den Bars und Boxen am Straßenrand.

Andererseits macht sich in der Stadt ein bescheidener Wohlstand bemerkbar. In einem sogenannten Investmentpark außerhalb von Sihanoukville haben einige Tausend junge Leute eine Zukunft gefunden. Sie arbeiten dort sechs Tage am Stück und bringen einen Wochenlohn von mindestens hundert Dollar nach Hause, kein schlechter Verdienst in Kambodscha. Kaum eine Familie, die noch keinen Flachbildschirm besitzt, elektrische Küchengeräte und Waschmaschinen stehen in den meisten Haushalten. Eine neue Mittelschicht, kambodschanische Maßstäbe angelegt, verändert derzeit den Lebensstil. Weil sich über Fernsehen und Mobiltelefone Begehrlichkeiten, die bis vor wenigen Jahren zumindest auf dem Land unbekannt waren, bis in die letzten Winkel verbreiten, gibt es nun auch in Kambodscha Probleme wie anderswo in Südostasien: Reisfelder verkommen, Dörfer sterben aus, weil es die Jugend in die Stadt zieht.

Während in der Hauptstadt seit Kurzem eine vier Meter hohe Statue in der Nähe des Unabhängigkeitsmonuments an den ehemaligen König Norodom Sihanouk erinnert, bleibt dem beliebten, politisch aber zeitlebens umstrittenen Herrscher mit dem Namen der Küstenstadt wohl das nachhaltigste Denkmal gesetzt. Als der Exmonarch im Februar 2013, gut vier Monate nach seinem Tod, eingeäschert wurde, erwiesen ihm in Phnom Penh Hunderttausende Landsleute die letzte Ehre. Die Trauerfeiern im buddhistischen Zeremoniell zogen sich über mehrere Tage hin. Noch einmal ließen Medien und persönliche Erinnerungen vieler Weggefährten das schillernde Leben des Norodom Sihanouk Revue passieren.

Zweimal war er König, einmal Premierminister; er war als Prinz in jungen Jahren von der Kolonialverwaltung wohl gelitten, ging aber schon bald nach dem Abzug der Franzosen eigene und oft genug auch eigenwillige Wege. Er nahm Entwicklungshilfe von Amerika entgegen, baute gleichzeitig die Beziehungen zu Rotchina auf und verstand sich dennoch als ein Gründer der blockfreien Bewegung. Wankelmütig war später auch sein Verhältnis zu den Roten Khmer, die er aus seinem zeitweiligen Exil in Peking mal bekämpfte, mal unterstützte und deren Staatsoberhaupt er sogar kurze Zeit war. Nach seiner Rückkehr aus China und erst recht nach 1993, als er den Thron zum zweiten Mal eingenommen hatte, galt Sihanouk als nationale Identifikationsfigur, als Monarch der Aussöhnung und Einheit.

In der westlichen Welt und in den entsprechenden Gazetten blieb er vor allem als »Champagner-König« in Erinnerung. Die Frauen liebten ihn und er liebte die Frauen, obwohl er nicht einmal einen Meter sechzig groß war und mit einer Fistelstimme sprach. Mindestens fünfmal soll er verheiratet gewesen sein, vierzehn Kinder sind aktenkundig. Schnelle Autos und gutes Essen gehörten zum Alltag des kleinen Königs, aber auch als Liebhaber der Künste trat er hervor. Er malte, komponierte, war ein Kenner der internationalen Jazzszene und spielte Fußball in der Palastmannschaft.

»Seine« Stadt am Meer, längst zur Metropole des Südens mit über zweihundertfünfzigtausend Einwohnern herangewachsen, ist kein wirklich schöner Ort. Das Zentrum: ein Wildwuchs an Stilrichtungen, hier und da aufgelockert durch einige Pagoden und Klöster, kunsthistorisch wenig bedeutsam, aber Ruhezonen im alltäglichen Verkehrschaos. Beliebte Fotomotive finden sich auf dem großen Markt und in den Fischereihäfen Nup Lok am Nordrand der Stadt oder, noch farbiger, noch abwechslungsreicher, im Dörfchen Hun Sen.

In erster und in letzter Instanz sind es aber die Strände und die vorgelagerten Inseln, die den Abstecher nach Sihanoukville rechtfertigen. Dort legt man sich, nach den anstrengenden Besuchen von Angkor, Siem Reap und Phnom Penh, gern für ein paar Tage unter die Palme oder die Kasuarine, sinnt dem Geschauten und Erlebten nach und lässt Buddha oder den lieben Gott einen guten Mann sein. Wem der Strand von Ochheuteal zu trubelig und der von Serendipity zu alternativ, Independence zu schmal und Sokha zu kurz vorkommt, wird sich auf ein *Moto*, das übliche Motorradtaxi, setzen und lässt sich an den noch immer überraschend ruhigen Strand von Otres fahren, den südlichsten in der Perlenkette.

Nach drei, vier Tagen in der Hängematte aber könnte es langweilig werden. Da bieten sich Ausflüge in die reizvolle Umgebung an, nach Kep zum Beispiel, anderthalb Autostunden weiter östlich gelegen. Die Franzosen waren dort schon ansässig, als sich in Kompong Som, dem späteren Sihanoukville, noch fast ausschließlich die Krebse am Strand Gute Nacht sagten. Bis heute atmet der Ort den morbiden Charme des alten Indochinas, den es in Sihanoukville so nie gegeben hat. Außerdem haben einige Restaurants mit ambitionierten Köchen Kep neuerdings einen Ruf als Hochburg für Gourmets aus Phnom Penh eingebracht.

Auch Kampot, ein Städtchen in den Bergen abseits der Küste, lebt von der Vergangenheit. Villen aus der Franzosenzeit und heruntergekommene Chinesenhäuser, beide in allen Stadien des Verfalls, prägen das Stadtbild. Es wird noch zwei, drei Jahre dauern, bis hier, vielleicht mit einem etwas anderen Tourismus als in Sihanoukville, neuer Wohlstand aufkommt. Schon jetzt beherbergen die Lodges, Pensionen, Gästehäuser und renovierten Villen vorwiegend Liebhaber eines entspannten Urlaubsstils. Auch das Völkergemisch – hier leben mehr muslimische Cham und mehr Chinesen als Khmer-Kambodschaner – und eine spannende Höhlenlandschaft in der Umgebung lassen für viele stille Genießer den Abstecher lohnend erscheinen.

Naturfreunde wird es in den nahen Ream-Nationalpark an der Grenze zu Vietnam ziehen. Ein fünfzehn Hektar großer Festlandteil geht über in den Mangrovendschungel, ein besonders empfindliches Ökosystem, und in einen maritimen Teil, der noch weitere sieben Hektar inklusive einiger nahezu unbewohnter Inseln umfasst. Noch leben hier Makaken, Languren und andere Affenarten, Fischkatzen und Stachelschweine nahezu ungestört, noch tummeln sich am Himmel Seeadler, Eisvögel und Kraniche, im Wasser Delfine und Meeresschildkröten. Aber schon sind erste Großprojekte für Hotels mitten im Naturschutzgebiet, finanziert von Chinesen, im Umlauf.

Der Park wird wohl bald zu den verlorenen Paradiesen gehören.

Immer mehr verlagert sich der Individualtourismus von den Küstenorten auf die vorgelagerten Inseln, in den Sdach-Archipel im Westen, nach Koh Kong an der thailändischen Grenze, nach Koh Rong Samloem bei Sihanoukville, für viele der schönste Robinson-Spielplatz im Golf von Siam. Andere, die nichts gegen noch mehr Ursprünglichkeit, noch mehr Komfortverzicht haben, werden Koh Thmei, die »Neue Insel«, lieben, die nach Osten zu, in Richtung Vietnam, am Rande des Ream-Parks vor sich hinträumt.

Die Fahrt mit dem Auto oder dem Bus von Sihanoukville zum Dorf Koh Kchang dauert eine gute Stunde. Von dort nach Koh Thmei braucht ein Boot noch einmal fünfundvierzig Minuten. Auf dem Inselchen leben hin und wieder ein paar Fischer und Holzfäller – und dauerhaft Michael und Kavita. Die beiden Deutschen haben im Juni 2010 ein Stück Land gepachtet, zwei Monate später einige Bäume gerodet und noch im selben Jahr, kurz vor Weihnachten, ein kleines Resort am Palmenstrand eröffnet, ein Hideaway für gestresste Seelen: sieben schlichte Bungalows, ein Restaurant, ein Haus für die Angestellten und eines für den Generator.

Seither hat sich, im Gegensatz zu Sihanoukville, auf Koh Thmei nur wenig geändert: Zwei Angestelltenhäuser sind dazu gekommen und ein etwas größerer Bungalow für Familien. Kavita und Michael kümmern sich um Gäste, die vor allem während der trockenen Monate von November bis Mai ein Robinson-Dasein auf Zeit gebucht haben. Nichts ist los auf Koh Thmei, der Insel, die es bislang nur mit ein paar dürren Zeilen in die Traveller-Bibeln von »Lonely Planet« oder »Stefan Loose« geschafft hat. Immerhin dies: himmlische Ruhe, hin und wieder ein bisschen Schnorcheln, über Trampelpfade heute mal diesen und morgen mal jenen Strand finden, aus der Hängematte den Palmblättern im Wind und den Wolken am Himmel nachschauen.

Michael hat einen sicheren Job bei den Stadtwerken in Hannover aufgegeben. Kavita war bis vor ein paar Jahren Schuhverkäuferin in Hannover. Jetzt ist sie Chefköchin und zaubert, was sie von ihren einheimischen Helfern gelernt hat: einen Salat aus grünen Mangos, oft auch Amok, das berühmte Fischnationalgericht der Khmer, Tom Yam, die scharfe Seafood-Suppe, die auch in Thailand so beliebt ist, Lobster, Langusten, Tintenfische und andere frische Köstlichkeiten aus dem Meer, gegrillt oder gebraten, in Knoblauch eingerieben und mit dem Pfeffer aus Kampot gewürzt.

Ein buddhistisches Land in Südostasien, ein Leben am Wasser und unter Palmen, das war der gemeinsame Traum. Michael und Kavita haben ihn verwirklicht, sie haben die Ärmel hochgekrempelt und noch immer viel Arbeit auf Koh Thmei. Aber es ist eine Arbeit, so versichern sie glaubhaft, die ihnen Spaß macht, die sie erfüllt und mit immer neuen, oft interessanten Leuten zusammenbringt. Alle fünf Tage fährt einer von ihnen zum Festland hinüber, um einzukaufen: Red Snapper, Marlin, Barracuda und anderes Großvieh aus dem Meer. Die Gelegenheitsfischer auf ihrer Insel fangen nur kleine Fische und Garnelen.

Nach zwei, drei Stunden tuckert das Boot zurück nach Koh Thmei, auf ihre Insel ohne Nachtleben, ohne Neonglitzer, ohne Reizüberflutung. Michaels Hunde wedeln am Anleger mit dem Schwanz, das Pony wiehert zur Begrüßung, und auch Beppo und Bodo schauen neugierig vorbei. So heißen die Glücksschweine von Koh Thmei, allseits beliebte und respektierte Resteverwerter. Kavita und Michael müssen neuen Gästen immer wieder versichern: Die beiden kommen nicht unters Messer!

»Für mich liegt Bayern auch am Mekong«

Begegnung mit dem Lebenskünstler Robert Heiduczek

Es gibt Menschen, die haben schon mindestens drei Leben gelebt, bevor sie noch einmal durchstarten. Solche Charaktere, unangepasst, leicht schräg und aufs Liebenswerteste verrückt, trifft man vorzugsweise auf Reisen, auch und gerade in Ecken, die manche gern als das Ende der Welt bezeichnen. Robert Heiduczek ist so ein Typ. Und Sihanoukville, oder noch eindeutiger: Koh Rong Samloem, eine Insel im Archipel vor der Südküste Kambodschas, das klingt für die meisten in unseren Breiten schon sehr nach World's End.

Robert Heiduczek ist ein Bayer, einer, der auch mit siebenundvierzig nichts anbrennen lässt, schon gar nicht den Leberkas oder die geliebten Fleischpflanzerl (für Norddeutsche: Frikadellen, für Berliner: Buletten, für Österreicher: faschierte Laibchen). Der gelernte Koch stammt aus Oberbayern, wo es am schönsten ist, aus Berchtesgaden. Und dort fühlt er sich nach wie vor zu Hause. Aber andererseits eben auch in Phnom Penh, in Sihanoukville und auf Rong Samloem.

Der Asienvirus erwischte Robert, als er siebenunddreißig war. Da hatte er bereits eine erfolgreiche Karriere als Händler für Motorradzubehör hinter sich. Bis heute kennt jeder Biker südlich von München den Heiduczek Robert aus dem Berchtesgadener Land. Alles lief für ihn so gut geölt wie seine Maschinen, auch die schöne Pension der Familie, ein bayerisches Bilderbuchhaus in Bischofswiesen. Die gemütliche Unterkunft in der alten Heimat betreut inzwischen der Vater. Robert hingegen, der eigentlich mit Mitte dreißig in Rente gehen wollte, ist schon wieder ein erfolgreicher Geschäftsmann. Und hat viel Spaß dabei – am Ende der Welt, an der Küste von Kambodscha. Auf einer Insel, von der andere nur träumen können.

Mit einigen Kumpels war er 2002 zum ersten Mal durch Südostasien gezogen, immer am Mekong entlang, von Laos nach Kambodscha und weiter nach Vietnam. Schließlich blieb er in Thailand hängen, zwei Jahre lang. Und als ihm das Nichtstun dort zu langweilig wurde, ging er zurück nach Kambodscha, baute erst am Strand von Sihanoukville ein Boot, etwas später, mit einheimischen Partnern, in Phnom Penh ein Heim für entwurzelte Kinder, dem bis heute seine Aufmerksamkeit gilt, und noch etwas später vierzehn Bungalows auf der schönsten Insel vor der kambodschanischen Küste, ökologisch korrekt: Die Tropensonne spendet die Energie, und der Müll wird so sauber getrennt und entsorgt wie daheim in Bischofswiesen.

Ein »Rentnerleben« also, das ihn fast rund um die Uhr beschäftigt – und befriedigt: »Ich bin glücklich, wenn ich über die neue Promenade von Sihanoukville bummeln kann, wenn Luci ein paar Meter vor mir im Sand tobt, wenn ich in Andys Bar in der Hauptstadt, dort, wo Mekong und Tonle Sap zusammenfließen, ein kühles Bier trinke, und erst recht, wenn ich bei Reiner im Beergarden München bayerische Hausmannskost oder bei Bernhard im neuen Hofbräuhaus die Weißwurst zuzeln kann wie daheim. Für mich ist Bayern überall, auch am Mekong, auch auf einer Insel im Golf von Thailand.«

Der Reihe nach: Luci ist eine Rottweilerdame, so temperamentvoll wie ihr Herrchen. Andy ist ein etwas raubeiniger Gastronom an der Riverside von Phnom Penh. Reiner gehört zum Urgestein der deutschen Community in Sihanoukville. Und Bernhard ist seit Dezember 2012 der Wirt vom Hofbräuhaus, Partner eines deutschen Bäckers und eines deutschen Metzgers, alle unter einem Dach. Ob Zufall oder Karma: Robert Heiduczek und Bernhard Köllhofer waren vor dreißig Jahren Klassenkameraden in Berchtesgaden, gute Freunde, bis sie sich nach der Schulzeit aus den Augen verloren – und fast vierzig Jahre später am Ende der Welt Wiedersehen feierten.

Robert hat viel Glück gehabt in seinem Leben, und weil seine Devise »leben und leben lassen« heißt, war es auch in Kambodscha von Anfang an klar für ihn, Menschen zu helfen, denen es »verdammt noch mal nicht so gut geht wie mir«, Straßenkindern zum Beispiel oder verarmten Alten. Der Bayer, der sich gern deftig ausdrückt, schimpft zuweilen auch auf manche Mitarbeiter der amtlichen Entwicklungshilfe. Auch die zahlreichen und gut bezahlten Helfer vieler NGOs, die mit ihren Geländewagen vor den In-Lokalen am Sisowath Quay parken, sind nicht unbedingt seine Freunde. Ihnen traut er nur selten zu, segensreiche Arbeit »an der Basis« zu leisten, ohne bürokratischen Aufwand, ohne Umwege.

Lebenskünstler und erfolgreicher Geschäftsmann, das schließt sich für Robert Heiduczek nicht aus. Deshalb gehört er auch zu denen, die erst anpacken und dann um Spenden werben. Mit Partnern aus Holland, mit Freunden vor Ort und mit einem Hotelier aus Phnom Penh hat er sich an COLT beteiligt; die Abkürzung steht für Cambodian Organization for Learning and Training. Inzwischen ist er, der Gründer der deutschen Sektion, Vorsitzender dieser Organisation. Als Erstes bauten die COLT-Mitglieder ein Kinderheim wieder auf, das bei einer Hochwasserkatastrophe untergegangen war: »Wenn ich auf meine alten Tage doch noch Millionär werden sollte, kommt ein Altenheim dazu.« Solche Einrichtungen waren in den Mekongländern früher, als die Familienverbände noch intakt waren, nicht notwendig, heute aber umso mehr.

Der Lebenskünstler aus Bayern kann beides, jedes zu seiner Zeit: sich aufreiben und kümmern um Menschen, die es nötig haben – und den Tag fröhlich genießen und dabei auch noch Geld verdienen. Asiatische Gelassenheit oder gar buddhistische Mediation wird er dabei wohl nie verinnerlichen, »das ist in meinen Genen nicht vorgesehen«. Fast jeden Tag lichtet seine dreistöckige Motorjacht »Sun« in Sihanoukville den Anker und nimmt Kurs aufs offene Meer, mit Abstechern ins Mangrovendickicht, zu Traumstränden, zu unbewohnten Inseln und natürlich nach Koh Rong Samloem, zum eigenen »Sun Island Eco Village«. Unterwegs wird gefaulenzt, geschnorchelt, gesungen, gelacht, gegrillt. Den Fisch holt meistens Robert persönlich aus dem Meer, der Eigner, Grillmeister und Entertainer. Mit flotten Sprüchen macht er Lust auf den Lunch: »Schaut euch diesen Prachtburschen an, der ist so frisch, dass seine Frau da unten ihn noch gar nicht vermissen konnte.«

Ein Fluss und neun Drachen

Zehnte Etappe: Im Mekong-Delta

Auf dem Weg von Kambodscha ans Südchinesische Meer. Kurz hinter der Grenze, schon in Vietnam, fächert sich der breite Strom in acht starke Flussarme auf, die sich in ein engmaschiges Netz aus Hunderten von Flüsslein verzweigen, durch Dutzende Kanäle miteinander verbunden. Wir haben das Delta des Mekong erreicht, den lauten Schlussakkord einer langen Reise durch Südostasien. Acht Arme also bilden die Schlagadern dieses Deltas, aber für die Vietnamesen sind es neun Drachen, die über ihre Reisschüssel wachen, ihren Obst- und Gemüsegarten, eine amphibische Wunderwelt, die dreißig Millionen Menschen, den ganzen Süden Vietnams, ernährt.

Neun Drachen? Wieso neun, wo der Trichter doch nur acht Ausläufe hat? Bis an seine vielgliedrige Mündung bleibt der Mekong legendäres Fahrwasser. Die Vietnamesen haben diesen acht Hauptflüssen, bevor sie sich ins Meer verlieren, einen imaginären Drachen hinzugesellt, weil die Neun ihre Glückszahl ist. Vielleicht wollten sie auch nur ihre chinesischen Nachbarn im Norden ärgern, die Erz- und Erbfeinde in China, für die die Acht das höchste Glück bedeutet, während die Neun bei ihnen eher für das Gegenteil steht (in Saigon und

Hanoi – und erst recht in Hongkong, Shanghai und Singapur – kaufen sich chinesische Millionäre Autokennzeichen für fünf- und sechsstellige Dollarbeträge, wenn sie nur viele Achten aufweisen).

Bis vor zweihundert Jahren wohnten nur wenige Menschen in dem amphibischen Labyrinth, das als Malaria-Hölle galt. Einst gehörte das Gebiet den Khmer, etwa zwanzigtausend von ihnen leben noch im südlichsten Teil Vietnams. Noch immer schwelt in Kambodscha die Meinung, dass die inzwischen so erfolgreiche Region »eigentlich uns gehört«. Aber neun Drachen und ein starkes Land mit einem ausgeprägten Nationalbewusstsein sind nicht mehr zu überwinden.

Heute, etwa siebzig Jahre, nachdem die Vietnamesen, angestiftet durch die französischen Kolonialherren, aus einem verseuchten Schwemmland das größte Reisfeld der Welt gemacht haben, leben noch immer etwa vierzehn der fast siebzehn Millionen Delta-Einwohner von Landwirtschaft und Fischfang. Nirgendwo auf seiner Reise vom Dach der Welt in die Heimat der neun Drachen bietet der Mekong mehr pralles Leben, nirgendwo präsentiert sich das tropische Asien mit so vielen Déjà-vu-Erlebnissen wie hier, wo alle Religionen des Kontinents friedlich mit- und nebeneinander ihre Götter und Heiligen besuchen, in Tempeln, Pagoden, Kirchen und Moscheen.

Diese Szenen kennen wir, auch wenn wir noch nie im Delta, noch nie in Vietnam gewesen sind: Asien, wie es schafft und lacht, Asien, wie es wohl jeder schon einmal in Fotobüchern, Reisekatalogen und Fernsehdokumentationen gesehen hat. Da ist die zierliche Frau, den typischen Kegelhut aus Reisstroh auf dem Kopf, die mühsam ein Boot durch den Mangrovenwald stakt. Da ist der Schleppzug, der langsam über einen der Flussarme tuckert. Da ist das Haus- und Händlerboot, auf dem die Großmutter das Gemüse putzt, zwei junge Frauen Kürbisse zu Pyramiden aufschichten, ein alter Mann rauchend im Bambusstuhl und ein Baby in der Hängematte, das von der älteren Schwester in den Schlaf geschaukelt wird.

Und da radelt, wie inszeniert, auf einem Uferdamm eine Gruppe anmutig ausschauender junger Mädchen im langen weißen Hosenkleid, dem *Ao dai*, zur Schule. Da liegen Kinder auf dem Rücken von Wasserbüffeln und lassen sich von ihnen gemächlich nach Hause tragen, in die Hütte hinter dem Reisfeld. Da lenken Hütejungen, bis zur Hüfte im brackigen Wasser, einen großen Trupp Enten ins Gehege. Palmwedel glitzern im ersten Morgenlicht. Drei vornehm wirkende chinesische Damen teilen sich eine Fahrradrikscha, auf dem Weg zu einem geheimnisvollen Höhlentempel, irgendwo außerhalb von Chau Doc.

Wer nicht aus Saigon nur zu einem Tagesausflug kommt, wird zumeist über Chau Doc ins Delta einreisen. Es ist nicht die größte, aber bei Weitem die vielseitigste Stadt der Region. Multikulti auf Asiatisch: Vietnamesen, Cham, Khmer und Chinesen leben hier friedlich zusammen. Große Frachter, Fähren und Sampans laufen den Hafen an. Der breite Strom, auf dem sich dieser Betrieb abspielt, heißt Hau Giang und ist der westlichste Arm des Mekong, der achte Drache. Die Grenze bei Song Tien ist nur dreißig Kilometer entfernt, eine Dreiviertelstunde auf dem Wasser.

Auf der Insel Chau Giang, am Rande der Stadt, bestimmt der Koran den Alltag. Dort leben muslimische Cham, bauen Reis an und ernten Kokosnüsse. In Tracht und Tradition folgen hier die Muslime auf dieser Insel, deren Männer auf Fischfang gehen und deren Frauen Seidenstoffe von hoher Qualität weben, einer malaiisch-indonesischen Tradition. Es ist eine friedfertige islamische Gemeinde, in Gesten und Lautstärke aber deutlich zurückhaltender als die quirligen, eher extrovertierten Vietnamesen.

Alle wichtigen Tempel, Andachts- und Gedenkstätten der altasiatischen Religionen gruppieren sich auf und um den Nui Sam, einen heiligen Berg, der zweihundertdreißig Meter aus den Reisfeldern bei Chau Doc ragt. Er soll schon in grauer Vorzeit ein Pilgerzentrum gewesen sein, damals den Hindugöttern Shiva und Vishnu gewidmet. Am Fuße des Sam-Hügels lässt der sehr bunte und sehr chinesisch wirkende Tempelkomplex der Fruchtbarkeitsgöttin Ba Chua Xu die Touristen staunen. Hier im Delta ist der Mekong eben nicht mehr allein Buddhas eigener Fluss.

Wo er aber doch verehrt wird, zeigt er sich in der Ausprägung der Mahayana-Schule, im Bild des wohl genährten, lachenden Buddhas der Zukunft, der im Norden Asiens Maitreya und hier im Süden Vietnams Di Lac genannt wird. In den Tempeln, die ihm geweiht sind und die meistens auch

Platz für die Heiligen und Götter des Laotse und des Konfuzius haben, schwatzt man miteinander, wirft hölzerne Halbmonde, deren Zahlen über Erfolg oder Misserfolg Auskunft geben, und zündet Duftstäbchen an. Der dickbauchige Buddha strahlt den Optimismus aus, der zu dieser so optimistischen, dem Leben fröhlich zugewandten Bevölkerung des Deltas passt.

»Das ist tatsächlich … (noch) der … Mekong. Ein Dorf von Dschunken. Der Anfang des Deltas. Das Ende vom Fluss …« So gibt Marguerite Duras ihren ersten Eindruck vom Mündungsrevier wieder. In ihren Büchern hat die große Poetin der traurigen Tropen Indochinas immer wieder die träge, schwüle Atmosphäre der Kolonialzeit beschrieben. Wer ihren Spuren folgen will, wird ein wenig Mühe haben, zum Beispiel in Sa Dec, der blüten- und blumenreichen Stadt zwischen zwei Flussarmen. Kaum jemand kennt dort noch die Schule, die ihre Mutter zehn Jahre lang geleitet hat. Und noch weniger wissen die Einheimischen, wo das Haus des chinesischen Dandys steht, der Vorbild für den »Liebhaber« wurde, Titelfigur des vermutlich autobiografischen Romans, mit dem sie Jahrzehnte nach ihrem Weggang aus dem Delta weltberühmt werden sollte.

Dabei liegt die düstere Villa des reichen Chinesen direkt am Song Tien Giang, einem der großen Mekongarme. Sie kann besichtigt werden, sogar ein Abendessen in der Originalkulisse des hier vor Ort verfilmten Romans ist möglich. Sa Dec mit seiner bis heute verschlafenen Stimmung erleichtert eine geträumte Zeitreise in die dreißiger Jahre des letzten Jahrhunderts. Wer durch die Gassen schlendert, in die chinesisch geprägten Shophauses schaut und sich bei Kerzenlicht im Haus des Liebhabers frischen Fisch und kalten Braten servieren lässt, wird anschließend mit noch mehr Genuss die Impressionen von Marguerite Duras lesen.

Zu ihrer Zeit hat der Mekong, wie sie schreibt, im heißen Delta »alles zusammengerafft, was ihm seit dem … kambodschanischen Urwald begegnet ist. Er nimmt mit, was kommt, Strohhütten, Wälder, ertrunkene Tiger und Büffel … nichts hat Zeit dahinzufließen … alles bleibt in der Schwebe des machtvollen Stroms«. Aber die Wasser dieses Flusses, zusammen mit den alljährlichen Regenmengen aus den Monsunwolken, haben längst Wohlstand und durchaus auch Glück nach Vietnam gespült. Selbst der neunte Drachen kann jedoch nicht verhindern, dass sich auch das Delta einer neuen Zeit angepasst hat und sich noch mehr verändern wird.

So hat seit Kurzem eine Autobahn von Saigon nach Trung Luong die Fahrzeit ins Delta erheblich verkürzt und die Region stärker an die Metropole Südvietnams und ihre rasante Entwicklung angebunden. Auch neue Brücken, etwa zwischen My Tho, einer heute noch sehr französisch wirkenden Stadt am gleichnamigen Fluss, und Ben Tre, dem Hauptort des Kokosnussreviers, erleichtern den Zugang zu Gegenden, die bislang nur durch Fähren erreichbar waren. Industrieparks sind entstanden, die Sozialstrukturen verändern und Urbanisierung beschleunigen.

Can Tho, mit fast anderthalb Millionen Einwohnern größte Stadt des Deltas, zieht wie Saigon immer mehr Leute aus den Dörfern an. Viele Reisbauern wissen nicht mehr, wo sie Erntehelfer anwerben sollen, weil junge Menschen in Saigon oder im Delta besser bezahlte Arbeit finden. Der Transport von Gemüse, Obst und Fisch verlagert sich von den Wasserwegen auf die Straßen. Gutes Holz für den Schiffbau traditioneller Art ist so teuer geworden, dass immer mehr Stahlschiffe gebaut werden. Sogar die Anbauflächen von Reis schrumpfen, weil der Platz für neue Fabriken gebraucht wird. Mit dem Einzug von Fast Food ist der Reiskonsum vor allem in den Großstädten ohnehin zurückgegangen.

Schwimmende Märkte werden dennoch weiter über Jahre zum Delta gehören und die Fotografen glücklich machen. Nicht weit von Can Tho entfernt, in Cai Rang, dem größten und bekanntesten aller exotischen Umschlagplätze für die Produkte des Deltas, wird wie eh und je mit dem Aufgehen der Sonne bis gegen Mittag auf dem Wasser gefeilscht, gegessen und mit Booten aller Art durchs Gewusel gedrängelt. Auch in Pho Dien, ebenfalls auf dem Hau Giang, oder in Tra On, an einer Kreuzung mehrerer Gewässer, oder in Phung Hiep, das weiter weg von Can Tho liegt und deshalb weniger touristisch wirkt, steppt jeden Morgen der Fisch. Die Kühle der ersten Stunden hält die Ware frisch, Hausfrauen und Händler sind deshalb bereits zwischen sechs und sieben zur Stelle.

Dort wird man Landflucht und soziale Veränderungen noch kaum wahrnehmen. Viel mehr könnte es einem wie Graham Greene gehen, der sich, weit weg vom Großstadtgetriebe Saigons, gar nicht vorstellen mochte, »dass es jemals sieben Uhr abends und Cocktailstunde auf dem Dach des ›Majestic‹ sein würde …« Dort, in die Boomstadt, die nach dem Sieg der Kommunisten des Nordens über die Amerikaner und den Süden Ho Chi Minh City heißt, werden auch die meisten Reisenden unserer Zeit ihren Trip rund um den Mythos Mekong ausklingen lassen.

»Unser Ding ist die sanfte Tour«

Begegnung mit dem Unternehmer Vu Minh Anh

Saigon, an einem Abend im Oktober. Die Hitze des Tages hat sich gelegt. Vu Minh Anh hockt mit Freunden vor einem Bierlokal auf dem Gehsteig. Das kleine Restaurant an der Ecke Nguyen Trung Truc/Ly Tu Trong im Ersten Bezirk trägt einen Namen, der gut zu dem jungen Mann mit Wurzeln im Osten wie im Westen passt: Xua & Nay, das heißt »Damals und heute«. Man genießt die samtene Luft und die Spezialitäten des Hauses: gebratenes Gemüse, Garnelen mit Chili, sauer eingelegter Elefantenohrfisch aus dem Delta, frisch gezapftes Tiger beer.

Hamburg, an einem nasskalten Herbsttag 2012. Vu Minh Anh steht fröstelnd am Hafen und erinnert sich an einen Morgen im September 1986. An dem Tag hatte die »Cap Anamur II« mit Flüchtlingen aus Vietnam, sogenannten Boatpeople, in Hamburg festgemacht. Vu Minh Anh, seinerzeit elf Jahre alt, war an Bord: »Es nieselte genauso wie heute. Aber uns kam es keineswegs trist vor. Für mich und meine kleine Schwester begann an jenem Tag unser zweites Leben. Wir hatten auf einmal wieder eine Zukunft.«

Vu Minh Anh, heute ein erfolg- und ideenreicher Reisefachmann, der viele Besuche deutscher

Spitzenpolitiker im Süden Vietnams logistisch und programmatisch vorbereitet hat, schaut auf das Gewimmel von Barkassen und Booten. Sein Smartphone klingelt, aber der sonst so optimistische und fröhliche Vu Minh Anh reagiert nicht. Er wirkt auf einmal, als könnte er kaum glauben, welche Zufälle ihn von Hamburg aus über eine Kleinstadt im Hunsrück, über die Universität von Marburg, über spannende Jahre in Wien und Toronto zurück in sein Geburtsland geführt haben, zurück nach Saigon, das nun Ho Chi Minh City heißt.

Als der Vietnamkrieg 1975 mit dem Sieg der Kommunisten aus dem Norden zu Ende ging, begann vor allem für katholische Südvietnamesen, die als Anhänger des autoritären Diem-Regimes »auf der falschen Seite« gestanden hatten, eine schwere Zeit. Tausende von ihnen wanderten in Umerziehungslager, noch mehr wagten die Flucht übers Meer. Es war Vu Minh Anhs Geburtsjahr, und seine Eltern, selbständige Unternehmer aus dem gehobenen Mittelstand, versuchten in den nächsten Jahren mehrmals vor der neuen Herrschaft, vor der neuen Zeit zu fliehen.

Immer wieder wurden sie gefasst, ins Gefängnis gesteckt, für mehrere Tage auch Vu Minh Anh und seine jüngere Schwester. Erst 1986 schickten die Eltern die beiden mit einem überfüllten Boot ins Südchinesische Meer, in die Ungewissheit. Die Kinder hatten Glück: Nach drei Tagen nahm die »Cap Anamur II« die völlig erschöpften Flüchtlinge auf. Erst drei Monate später, nach diplomatischem Hickhack und würdelosem Tauziehen, erlaubten die deutschen Behörden den Landgang in Hamburg.

Vu Minh Anh wurde von einer deutschen Familie adoptiert, kam in die Grundschule, ohne ein einziges Wort aus der neuen Heimat zu kennen. Er ekelte sich vor Käse, er mochte keine Kartoffeln, aber er probierte fast alles. Und dann machte er seinen Weg: Abitur, Studium der Politik und der Volkswirtschaft in Marburg, Praktika in Wien, spannende Jobs in Kanada bei einem Onkel. Irgendwann galt er bei seinen Freunden als großer Feinschmecker, vor allem als Wein- und Käsekenner. Heute sehnt er sich in Vietnam zuweilen nach Bratkartoffeln, in Deutschland hingegen vermisst er *Pho*, die klassische Nudelsuppe Vietnams.

Oft pendelt Vu Minh Anh zwischen seinen beiden Heimatländern, er hat in Saigon eine Familie gegründet und feilt am Ausbau seines Unternehmens, das er 2005 in Saigon gegründet hat: »TerraVerde, Reisen mit allen Sinnen«. Der Name steht für einen authentischen, ökologisch ausgerichteten Tourismus. Vu Minh Anh bereitet die Begegnung seiner Gäste mit Land und Leuten behutsam vor: »Wir wollen neugierig bleiben, aber nirgendwo ›eindringen‹. Die sanfte Tour, das ist unser Ding.«

Seine Sprachkenntnisse, sein Engagement und seine Zuverlässigkeit haben sich herumgesprochen. Die deutsche Botschaft in Hanoi, das Generalkonsulat in Saigon, das Goethe-Institut und deutsche Reiseveranstalter, die ähnlich ausgerichtet sind wie TerraVerde, wurden auf ihn aufmerksam. Er half dem ZDF bei aufwendigen und hintergründigen

Dokumentationen und reiste mit Bankern, Unternehmern und speziell interessierten Reisenden in jene Regionen des Mekong-Deltas, die nicht von großen Gruppen überlaufen sind. Nachhaltigkeit, heute ein inflationär gebrauchtes Wort, liegt dem jungen Reiseunternehmer am Herzen.

Dazu passen Radtouren in die ländliche Umgebung Saigons oder durchs Mekong-Delta. Wenn seine Gäste sich unterwegs anstecken lassen von der Lebensfreude der Einheimischen, vom Lachen und dem vielstimmigen »Hello« der Kinder, weiß Vu Minh Anh, dass sein Konzept wieder einmal aufgegangen ist. Den Landsleuten vor Ort hingegen, einfachen Bauern und Händlern zumeist, muss er erklären, warum die Langnasen bei der Hitze mit dem Fahrrad unterwegs sind, wo sie sich doch bestimmt ein klimatisiertes Auto mit Fahrer leisten könnten.

Hamburg im Herbst, bei Freunden in einem Vorort an der Oberalster. Vu Minh Anh freut sich über die Laubverfärbung. Er mag den Wechsel der Jahreszeiten, mag sogar Wind, Kälte und Nebel. An diesem Tag wird er ausgesuchten Reisebüros seine Touren und Konzepte vorstellen. Man lernt voneinander, von den veränderten Reisegewohnheiten und Erwartungen einer bestimmten Klientel hier, von den immer abwechslungsreicheren Möglichkeiten dort.

Ho Chi Minh City, ein paar Tage später. Es ist Wochenende und Vu Minh Anh entspannt mit seiner Frau und seinen beiden kleinen Töchtern im Binh An Village, einer grünen Oase am Saigon River. Anschließend wird man ins Snap Café in der Tran Ngoc Dien wechseln, wo es einen großen Spielplatz gibt. Morgen wird Vu Minh Anh wieder mit einer kleinen Gruppe ins Delta aufbrechen. Er freut sich schon auf seinen Freund Hai Chi in Ben Tre, den Chef eines Gartenrestaurants am Wasser. Der wird wie jedes Mal seine alte Gitarre stimmen, und Vu Minh Anh wird zu seiner und zur Freude der Gäste vietnamesische und deutsche Volkslieder singen.

Fahrstuhl in die Vergangenheit

Check-out: Kolonialhotels in Saigon

Die Nummer 214 im Continental gehört zu einem Eckzimmer im zweiten Stock, es ist nicht wesentlich anders eingerichtet als die übrigen neunundsiebzig Räume dieses Hauses. Man schaut auf die Dong Khoi, die bekannteste Straße der Stadt, auf den Lam-Son-Platz mit dem Theater aus dem Jahr 1900 und auf ein Verkehrsdickicht, dessen Lärm bis spät in die Nacht gegen die Fassade des Hotels brandet. Keine ruhige Lage also, wie sie Urlauber heutzutage suchen, und doch ist das kleine Balkonzimmer oft über Monate im Voraus ausgebucht.

Es sind Nostalgiker, Reisende mit Sinn für Lebensart und Legenden, die in diesem etwas plüschig möblierten Raum – Schaukelstuhl, schwerer Schreibtisch, Mahagoni an den Wänden –, wenigstens einmal gewohnt haben möchten. Denn die Nummer 214 gilt besonders den Kennern und Liebhabern der Literatur als eine Art Wallfahrtsziel: Hier hat Graham Greene den größten Teil seines Romans »Der stille Amerikaner« geschrieben. Vor dem Hoteleingang, wo einst ein Terrassencafé im Altpariser Stil für die besten Croissants der Stadt berühmt war, verkaufen jetzt pfiffige Straßenkinder Greenes Weltbestseller in Raubdrucken, bei denen in der Regel mindestens ein Drittel des Textes fehlt.

Als das Continental im Vietnamkrieg zum Lieblingshotel der Reporter aus Amerika und dem Westen wurde, war es bereits seit Jahrzehnten eine Legende. William Somerset Maugham, der große englische Geschichtenerzähler, hatte hier seine schönsten Storys über die entlegenen Welten Asiens und der Südsee geschrieben. Auch Rabindranath Tagore, der indische Literaturnobelpreisträger, war in den dreißiger Jahren Stammgast. Damals hieß die Dong Khoi noch Rue Catinat. Sie war bis zum Abzug der Franzosen die Flaniermeile im »Paris des Ostens«. Unter den Bäumen stolzierten Damen und »Damen«. Sie tranken am späten Vormittag ihren Milchkaffee vor dem Continental oder trafen sich am Nachmittag zum Tee im Café Brodard, ein paar Schritte entfernt vom Hotel, und tauschten hier wie dort den neuesten Klatsch aus.

Somerset Maugham verglich um 1925 herum Saigon mit einer südfranzösischen Stadt mittlerer Größe, »charmant, unbekümmert und fröhlich«. Im Continental (und im Oriental zu Bangkok, wo er so krank wurde, dass die Wirtin um die Miete fürchtete und um Vorkasse bat) schrieb er einige seiner schönsten Storys über die entlegenen Welten Asiens und der Südsee. An der Rue Catinat lagen seinerzeit die feinsten Geschäfte, die besten Teestuben und alle noblen Hotels, die heute wieder an die legendären Zeiten anzuknüpfen versuchen.

Die Geschichte des Continental beispielsweise reicht ins Jahr 1878 zurück. Es wirkt, wie es sich für ein Hotel dieses Alters und dieses Genres gehört, angenehm verstaubt: das Interieur ebenso wie das

Personal. Nostalgiereisende freuen sich, dass noch immer ein alter eiserner Fahrstuhl nach Pariser Vorbild in die oberen Stockwerke und zugleich in die Vergangenheit rumpelt. Sie wundern sich, dass es noch Etagen-Concierges gibt, die freundlich grüßen, deren Aufgabe aber eher unklar bleibt. Anders als zu Peter Scholl-Latours Zeiten, der von hier viele seiner Reportagen nach Hause kabelte, bewegt sich heute kein Kellner, kein Empfangschef mehr »… mit jener betonten, schauspielerhaften Eile, die äußerste Beflissenheit signalisieren sollte«, wie der Altmeister der Vietnam-Berichterstatter die Atmosphäre jener Tage beschrieben hat.

Geblieben sind der herrschaftlich wirkende Treppenaufgang und der grüne Innenhof, ein Refugium unter Frangipaniblüten. Die drei ausladenden Bäume, die diesem Patio Charakter geben, wurden 1880 gepflanzt, zwei Jahre nach der Eröffnung dieser Herberge. In den wilden zwanziger und dreißiger Jahren, als sich hier russische Großfürsten und französische Opernsänger einmieteten, führte ein Korse namens Mathieu Franchini dieses Haus. In der Chronik des Conti, wie das Hotel bis heute von seinen Stammgästen genannt wird, wird dieser Monsieur Mathieu allerdings als »Gangster« beschrieben …

Bis vor etwa fünf, sechs Jahren suchten altgediente Indochina-Reisende gern im Café Brodard nach dem Flair von gestern, eigentlich schon damals vergeblich. Dann wurde der Niedergang dieser Legende mit der Umwandlung in die Filiale einer australischen Coffeeshop-Kette konsequent abgeschlossen. Die *sophisticated traveller*, eine aussterbende Spezies von Reisegenießern aus aller Welt, hatten wieder ein Stück Heimat verloren, abgelöst von der Generation Laptop, die keine Bücher mit ins Kaffeehaus bringt, sondern sich fast pausenlos mit dem Handy gegenseitig fotografiert und oft sowieso nur Coffee to go im Pappbecher bestellt.

Nur ein paar Gehminuten weg vom Conti, in Richtung Saigon River, ist mit dem Grand Hotel von 1930 die nächste Herberge aus der französischen Epoche erreicht. Auch über dieses Haus schreiben Gäste in die Bewertungsportale des Internets, dass sie hier einen Hauch vom »Charme vergangener Tage« gefunden hätten. Aber nur, wer einen der neun Räume im (renovierten) alten Flügel bewohnt, mag sich diesem Urteil anschließen. Die fünfundfünfzig Zimmer im gesichtlosen Hochhausanbau und ein Service, den man allenfalls »gleichgültig« nennen kann, verleiden dagegen manchem Gast die Suche nach der verlorenen Zeit.

Wie das Continental und das Grand Hotel wird auch das Majestic, das bekannteste Kolonialhotel der Stadt, von Saigontourist betrieben. Diese staatliche Einrichtung hat sich über Jahrzehnte schwer damit getan, das Potenzial in der Geschichte der legendären Hotels zu erkennen. Auch ideologische Einwände standen einer Nostalgievermarktung lange Zeit entgegen. Immerhin entsprechen Lobby und Lounge im Majestic heute dem Stil der Ära, die nun wieder als die Blütezeit Saigons zelebriert werden darf. 1925 eröffnete der schwerreiche Vietnam-Chinese Hui Bon Hoa, genannt Onkel Hoa, an der Ecke Rue Catinat und Quai de Belgique das

Majestic, mit Blick auf den Saigon-Fluss und einen der quirligsten Häfen Asiens. Schon bald galt es als erstes Haus am Platz, wo exotische Prinzen auf europäische Präsidenten trafen.

Nach vielerlei Um- und Anbauten trägt das Majestic seine fünf Sterne nun beinahe zu Recht, als Einziges der übrig gebliebenen Hotels aus der Kolonialzeit. Einen Anschluss an die Erste Liga, in der etwa das Raffles in Singapur, das Oriental in Bangkok und sogar das Metropole in Hanoi heute noch (oder wieder) spielen, hat das Haus an der Rue Catinat allerdings nie erreicht. Aber auch dort, in Somerset Maughams alten Lieblingsherbergen, wird der Zimmerpreise natürlich längst jeden Tag per Computer ausgerechnet, auch dort sitzen kaum noch Gentleman-Reisende im weißen Tropenanzug in der Lobby.

Typisch Saigon, typisch Vietnam auch das Rex: durch Kriegsgeschichte(n) legendär geworden, heute ein Kultort für Touristen aus aller Welt und der beliebteste Platz zum Heiraten für Vietnamesen und Chinesen, kitschig und absolut angesagt. Es gehört auch zu Saigontourist und wird gern zusammen mit dem Majestic genannt und vermarktet. Aber das Rex war vieles, nur ein Kolonialhotel war es nie. Die Karriere dieser ungewöhnlichsten aller Herbergen im heutigen Ho Chi Minh City begann als Autowerkstatt im französischen Viertel von Saigon. Auf die Garage wurden 1959 ein paar Büroetagen geklotzt. Ab 1962 informierte dann das US-Militär von hier aus die Weltpresse, jeden Nachmittag und auch dann noch hochmotiviert und voller Optimismus, als längst alles verloren war.

Erst nach dem Sieg bauten die Vietnamesen »Uncle Sams Lügenbude«, wie nicht nur sie es nannten, zum Hotel Rex um. Längst ist es für Einheimische wie für Touristen Ritual geworden, nachmittags zur Dachterrasse hochzufahren und sich dort in eine verrückte und deshalb so beliebte Gips-Menagerie zu setzen. Der flippige Cocktail hat aber auch hier den klassischen Gin Tonic zum Sonnenuntergang abgelöst. Und die Terrasse des Continental existiert nur noch in den Erinnerungen der alten Asienfreaks und Vietnamkämpfer.

Damals, in den Zeiten des Krieges und der Lügen, so beschreibt es der amerikanische Journalist und Schriftsteller Michael Herr in seinem großartigen Buch »An die Hölle verraten. Dispatches«, »... warfst du dich um neun oder zehn in einen Jeep, fuhrst ein paar Kilometer, sahst dir eine Straßenschlacht an, ranntest ein wenig hin und her und warst noch am Abend wieder auf der Terrasse des Continental.« Soll heißen: rechtzeitig zum Gin Tonic, zum Whisky, zum Sundowner alter Zeiten.

Das Conti, das Saigon von früher, ja: Der gesamte Mekong in seinem langen Lauf vom Himalaya zum Delta, sie alle leben von Legenden, auch von Lügen, vor allem aber von der Wehmut und der Suche nach einer Vergangenheit, die womöglich ein bisschen zu oft verklärt worden ist. Und dennoch gilt: Die meisten Besucher, die zwar mit Klischees im Kopf in diese faszinierende Region kommen, sich aber die Leidenschaft des Staunens bewahrt haben, werden den größten Teil eben dieser Klischees als lebendige Szenen vor Ort bestätigt finden. Das gilt nicht nur für die Länder und die Menschen am Mekong, es wird hoffentlich überall und für immer eines der großen Wunder des Reisens bleiben.